アッシジのフランチェスコ

チマブエ画

アッシジのフランチェスコ

・人と思想

川下　勝　著

184

CenturyBooks　清水書院

はじめに

一九八六年一〇月二七日、イタリアのアッシジで「世界平和の祈り」が催され、信仰を異にする世界の諸宗教の代表一〇〇人が平和を祈り求めた。アッシジのフランチェスコが生まれ、生涯を閉じたこの土地こそ、平和を祈るのに相応しい場所と考えられたのである。その後、平和を祈るこの集いは、場所を移して毎年行われている。平和の祈りが行われた年をさかのぼる七年前の一九七九年、ローマ教皇ヨハネ＝パウロ二世は、フランチェスコを環境保護に携わる人々の保護の聖人と宣言した。

フランチェスコは一二世紀から一三世紀に、イタリア半島の中部地方で生きていた人である。八世紀も前の人が、なぜ世界平和や環境保護というきわめて現代的な事柄とかかわりを持っているのであろうか。

フランスの宗教学者で、『イエス伝』の著者エルネスト＝ルナンが「キリスト以来ただひとりの完全なキリスト者、第二のキリスト、キリストの完全な写し」と呼んだアッシジのフランチェスコは、キリスト教の聖者の中でもっとも良く知られた者の一人である。かれは、貧しさと苦行のうちに厳しく生きると共に、自然を慈しみ、平和と協調、信仰を異にする人々との対話を大切にした人であった。

現代でもなおフランチェスコが人々の関心を呼んでいる事実は、かれがただ約八〇〇年を隔てた一時代に生き、歴史の一齣を通りすぎただけでなく、その生き方が時間と空間を越えて、人々の心に語りかける何かを持っていることを物語っている。

フランチェスコはいくつかの書き物を残したが、かれの死後間もなく、多くの伝記が書かれ、当時の年代記、歴史書、手紙などにおいてもフランチェスコのことが言及されている。その後も多くのものが書かれ、詳しい研究が行われてきた。

東西の冷戦の時代は終わり、この十数年各地で政治や社会の構造の変化が見られた。しかし、世界が平和になったわけではない。民族や宗教の違いを口実にした国内の内乱や国際間の紛争や戦争は絶えない。

一九六〇年代から、前世紀におけるカトリック教会の最大の出来事であった第二ヴァティカン公会議を機に、諸宗教間の対話が行われるようになり、相互理解と世界の平和に寄与している。地平線に現れた一条の光とも言えよう。他方、一部では宗教的原理主義と排他主義が強くなり、人類はこの対話や相互理解の道も、決して平らかなものではないことを実感している。

人間は、快適な生活を求めて、開発の名のもとに自ら自然や環境を破壊しつつある。節度のない自然科学の進歩への欲求は、人間性や人格を無視するような生命の操作さえも試みようとしている。今人類は自己破滅の危機に直面しているともいえる。

これらのことを思い巡らす時、現代においてもなお人々の心を惹きつけるフランチェスコの姿を追い求めることは意義を持っているであろう。

小著を著すに当たっては、平和、環境保全、生命尊重、対話という今日的なテーマを念頭においてフランチェスコの姿を描くよう努めた。また原則として、かれの死の年（一二二六）から一三世紀末までに成立した、信憑性の高い主要な史料に拠ることにした。例外として、一三世紀の末から一四世紀の初頭にかけて編集された『完全の鏡』（Speculum perfectionis）と一四世紀に書かれた『聖フランシスコと同志たちの事跡』（Actus Beati Francisci et Sociorum eius）のイタリア語訳である『アシジの聖フランシスコの小さき花』（I Fioretti di San Francesco）を用いた。

目次

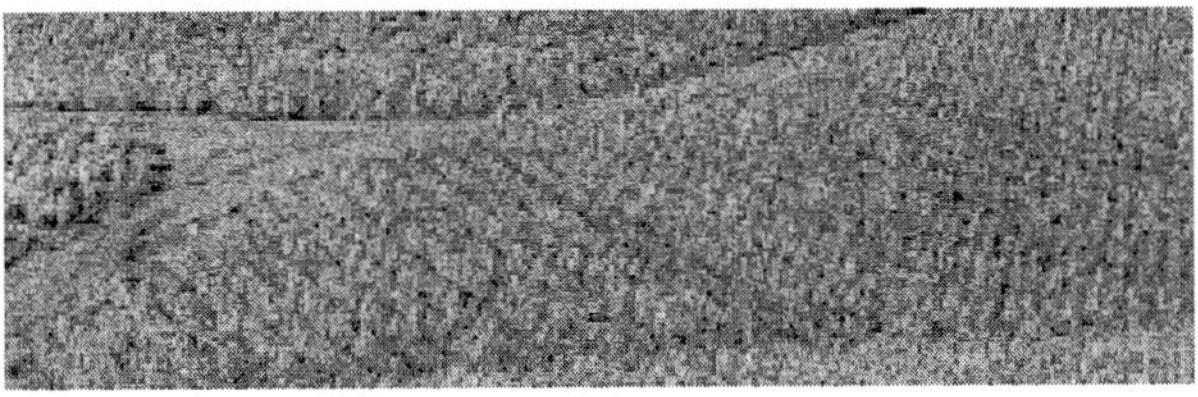

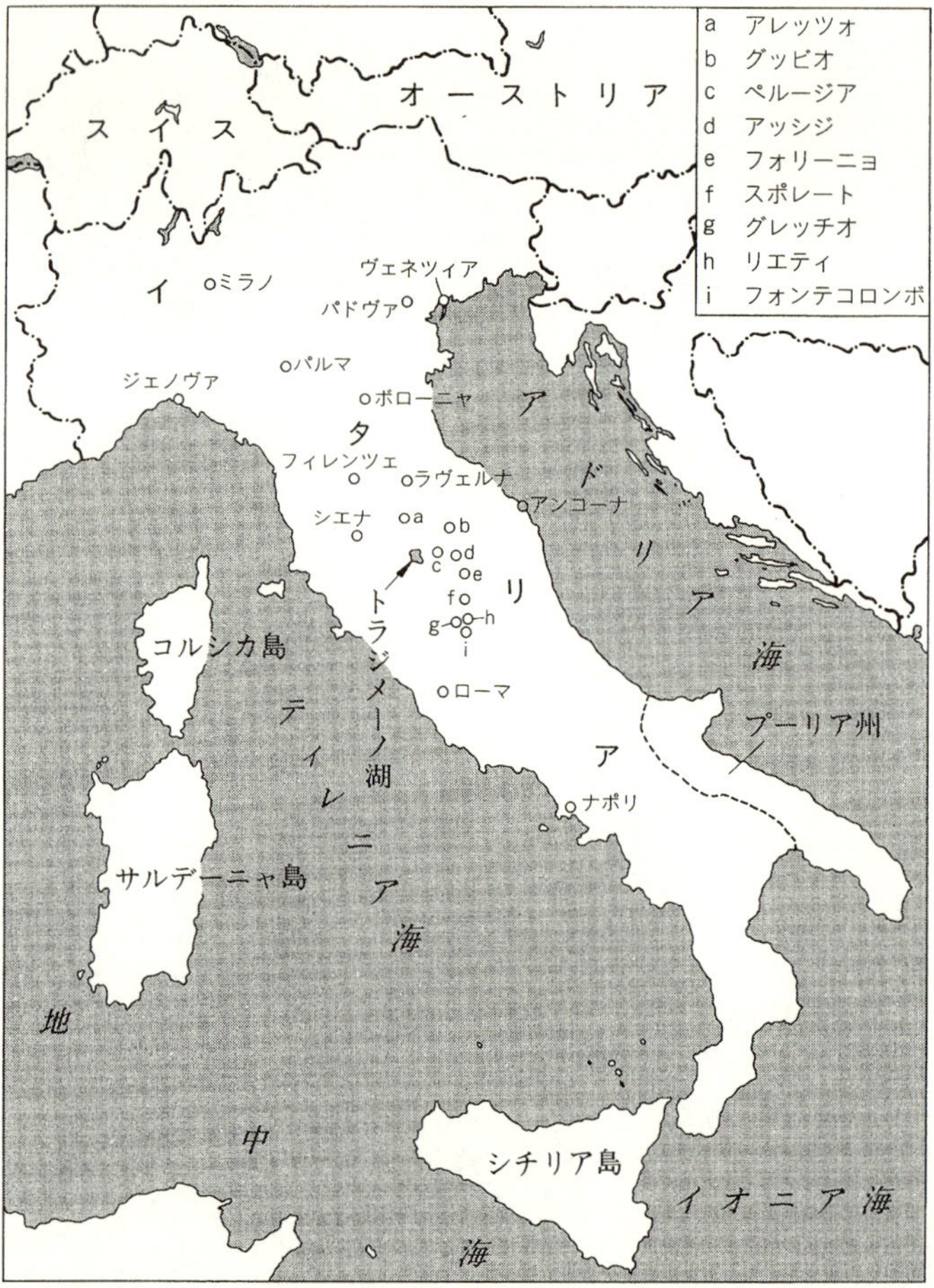

アッシジのフランチェスコ関係地図

I　恵まれた環境の中から

吟遊詩人と騎士道

故郷の風景

中世イタリアの詩人ダンテは、『神曲』の中でアッシジのフランチェスコに言及し、アッシジを「東方（オリエンテ）」と呼び、この町の名前を世界中に知らせたフランチェスコを「東方から世に出た一つの日輪（太陽）」とたたえている（山川丙三郎訳『神曲』岩波文庫、二〇〇〇、第四七版、第一一曲）。フランチェスコはこの町で生まれ、ここで生涯を閉じた。

中部イタリアのウンブリア州にあるアッシジは、ローマの北方、フィレンツェの東南に位置し、スバジオ山の麓の斜面にある清楚な町である。現在ではアッシジ市として、フランチェスコの時代に比べ、面積も広がり、人口も増えている。しかし、城壁の中の町並は今も中世期から抜け出てきたようなたたずまいを見せている。その歴史は古く、ローマ時代以前にまでさかのぼり、古代の神殿や劇場、上水道の遺跡が残っている。ウンブリア平原からアッシジ市を眺めると、東の端には聖クララ大聖堂とクララ会修道院が、西の端には聖フランチェスコ大聖堂とサクロ‐コンヴェント（聖なる修道院の意味）が、また町を見下ろす丘の上には中世期の城砦跡が、町を包み込むかのよ

アッシジの聖フランチェスコ大聖堂遠景　松下昭征氏撮影

うに建っている。
フランチェスコは一一八二年、ピエトロ＝ベルナルドーネとピカ夫人の間に生まれた。一一八一年に生まれたとの説もある。一一八二年と言えば、日本では貴族による政治が終焉を迎え、日本最初の武家政権である鎌倉幕府が生まれる直前である。一一八〇年には源頼朝と木曽義仲が挙兵し、一年後の一一八一年には平清盛が死去している。一一九二年には、頼朝が鎌倉に幕府を開いている。
当時の仏教界ではいわゆる庶民仏教の興隆が始まり、法然（一一三三〜一二一二）が一一七五年に浄土宗を開基し、一一九一年は栄西（一一四一〜一二一五）が臨済宗を広めた年である。フランチェスコと同じように、小鳥に説法したと伝えられる明恵は一一七三年に生まれ、一二〇六年には京都の栂尾《とがのお》に土地の寄進を受け、高山寺を建立している。一二世紀後半から一三世紀にかけては、浄土真宗の開祖である親鸞（一一七三〜一二六二）、曹洞宗の元祖である道元（一二〇〇〜五三）、一二五二年に日蓮宗を開基した日蓮（一二二二〜八二）、一二七四年に時宗を開いた一遍（一二三九〜八九）など、多くの優れた僧侶が輩出している。

フランチェスコの母親の名のピカは通称で、彼女の本来の名前はヨハンナであったという。フランチェスコにはアンゼロという名前の弟がいたことが知られているが、妹も一人いたとも言われている。父ピエトロは裕福な織物商人で、南フランスへ出かけて商品を仕入れ、中部イタリアで売りさばいていた。当時東方からの物産は南フランスに運ばれ、ヨーロッパ各地の商人たちはそこで買い付けを行い、それぞれの生国に運んでいた。

母のピカは南フランスの貴族の出とも伝えられているが、真偽の程は定かではない。ピエトロが商用でしばしば南フランスに旅をしていたのと、フランチェスコが時折フランス語を口ずさんでいたということから、後世このような伝承が生まれたのであろうか。しかしこれを荒唐無稽の伝説として退ける確証もない。

ヨハネからフランチェスコへ　フランチェスコの祖父ベルナルドが近郊の農村からアッシジに出て、布地を商うようになったのが、ベルナルドーネ家の織物商としての始まりであったとされている。父ピエトロの頃には事業も拡大されて、相当な財を築き、アッシジ市の社会や政治にも発言権も持つようになっていた。

ベルナルドーネ家は、当時の身分構成の枠組みの中では、庶民階級に属していた。当時、身分階級は一般に不変とされていたが、庶民が騎士階級にのぼる道がないわけではなかった。したがって、ピエトロは上流社会に入ることを夢見ていた。またフランス、ことに南フランスのプロヴァンスの文化に深い憧れを持っていた。

フランチェスコが生まれた時、父ピエトロは商用で旅行中であった。あまりの難産だったので、母ピカは通りすがりの巡礼者の勧めるままに馬小屋に出産の場所を移した。すると容易に出産できたと伝えられている。フランチェスコの生涯がイエス＝キリストに似ていたということから、このような言い伝えが生まれたのであろう。

赤ん坊は、イエス＝キリストの先駆者として聖書の『新約聖書』に登場する洗礼者ヨハネの名前を取って、ヨハネと名づけられた。あるいは、母親の名前ヨハンナにあやかって、ヨハネと命名されたのであろうか。『新約聖書』にはもう一人のヨハネ、キリストの弟子で一二使徒の一人、「ヨハネ福音書」を書いた使徒ヨハネがいる。

ちなみに、聖書は神から人間に与えられた言葉とされ、『旧約聖書』と『新約聖書』がある。『旧約聖書』は古代ヘブライ人（ユダヤ人）に与えられたもので、四六書からなっている。カトリック教会が『旧約聖書』として四六冊を認めているのに対して、一般にプロテスタント教会は三九冊だけを認めている。『新約聖書』はイエス＝キリストの言葉と事跡を載せた四冊の福音書、初代キリスト教会の成立と伝播の状況に関することを記述した使徒言行録、二一冊の弟子たちの手紙、預言書である黙示録の二七書からなっている。

商用から帰った父ピエトロは、息子の名前をフランチェスコと改名した。砂漠の厳しい苦行者を連想させる洗礼者ヨハネという名前は、長男にはそぐわないと考えたのであろうか。フランチェスコはフランス人を意味する。キリスト教では、フランチェスコという名前はアッシジのフランチェスコが最初である。ピエトロにとってフランスは憧れの文化先進国であり、自分のために利潤を生み出してくれる土地であった。やがてはベルナルドーネ家を継ぐ長男に夢を託し、息子が先進国フランスのように、教養と豊かな富に恵まれることを願ったのであろう。

少年時代

当時のヨーロッパは戦争と動乱の時代であった。イタリア半島も例外ではない。人間は遺恨のうちに互いに殺し合うために生きているのではないかと思われるほどであった。中世のイタリアでは、各地に都市国家が形成され、またローマ教皇を支持するグェルフィ党（教皇党）と神聖ローマ皇帝を支持するギベリニ党（皇帝党）が激しく対立していた。皇帝は教皇と、皇帝党員は教皇党員と、一般市民階級は貴族階級と、貧困層は富裕な階層と敵対していたのである。

このような政治的、社会的状況の中で、ベルナルドーネ家の長男フランチェスコは、物質的に恵まれた環境の中で成長する。現在では、子供たちは六、七歳で学校教育を受け始めるが、フランチェスコも同じような年齢で読み書きや算術を習い始める。聖ジョルジョ教会の神父たちが初等教育を授け、教会の建物の一角が教室であった。当時文字の読み書きができるのは、教会の司祭や修道者、また上流階級に属する少数の人々に限られていた。フランチェスコの書物には、読み書きのできない人々のために配慮している箇所が見られる（『勅書によって裁可された会則』第三章および『全キリスト者への手紙 一』）が、これはかれの弟子や精神的指導を受けていた人々の中には文字の読み書きのできない多くの人々がいたことを物語っている。

父ピエトロは、総領息子の商人としての将来に備えて、教育を受けさせようとした。当時の商人階級に属する人としては開明的であったと言えよう。学校での初等教育はラテン語の読み書きと算術が主で、教科書としては『旧約聖書』の詩篇が用いられた。フランチェスコが残した書き物のいくつかには詩篇の引用が多く見られるが、これは学校での学習に起因するものと考えられる。かれが聖書に精通していたという説があるが、ミサや聖務日課などのカトリック教会の典礼に用いられていた聖書の言葉をほとんど諳んじて知っていたのは確かである。神学教育を受けていなかったので、聖書に精通していたとは言えないであろう。書き物の中に聖書が引用されているのは、ラテン語で行われていた教会の典礼に親しんだことにもよるが、前述したように、少年時代の学習経験にもよるものでもある。

フランチェスコの教科書的勉学はわずかであったが、ボナヴェントゥラがその著書『アシジの聖フランシスコ大伝記』（第一部第一一章一番）で、「永遠の光の輝きに照らされたフランチェスコの知性は、注目すべき明敏さをもって、聖書の深みを探ることができた」と述べているように、かれは信仰に生きることによって、深遠な真理を理解し、高い宗教的神秘の会得に到ったのである。

かれの書き物のラテン語から推測するところ、学校での教科書的勉強は得意ではなかったようである。アッシジの聖フランチェスコ大聖堂の遺品保管室にはフランチェスコ自筆の『兄弟レオに与えられた書きつけ』が保存され、またイタリアのスポレートの司教座聖堂の宝物館には、同じく自筆の『兄弟レオへの手紙』が保管されている。この二つの文書を見る限り、エックエレストンのトマスが『小さき兄弟会員のイギリス渡来』の中でフランチェスコのラテン語を「間違ったラテン語」と述べているように、ラテン語は流麗ではなく、時には間違いが見られる。

他方、ウンブリア地方の言葉で詠んだ『太陽の賛歌』からもわかるように、かれは豊かな詩的感性に恵まれていた。また、人間としての魅力に富み、後年多くの人々がかれの人格と生き方に惹かれ、その周りに集まってきた。『訓戒』に見られる人間性に関する鋭い指摘は、かれが人間の内面を見抜く深い洞察力を持っていたことを示している。

騎士への夢

フランチェスコは陽気な若者に成長する。当時は、十代の半ばを過ぎると大人の仲間入りをする。フランチェスコも父や使用人に混じって、店に立ち、また父と共に商用の旅にも出るようになる。青年らしく、青春も大いに謳歌する。

やがて、フランチェスコは町の若者たちの中心になる。かれには、先に述べたように、人々を惹きつける魅力が備わっていた。もちろん、フランチェスコが気前良く使う金も若者たちを惹きつけたであろう。普段は吝嗇《りんしょく》とも言えるほどに倹約に徹していた父ピエトロも、フランチェスコが友人たちと遊び、交際するために使う金には、糸目をつけなかった（チェラノのトマス『アシジの聖フランシスコの第一伝記』一番、チェラノのトマス『アシジの聖フランシスコの第二伝記』一番、聖ボナヴェントゥラ『アシジの聖フランシスコ大伝記』第一部第一章一番、『三人の同志の伝記』第一章）。父には密かに期すものがあったのである。

中世ヨーロッパは騎士道の時代である。フランチェスコは一介の商人として生涯を送るつもりはなかった。騎士になり、やがては貴族に列せられ、諸侯の列に連なるのがかれの夢であった。父ピエトロも同じことを自慢の息子の上に夢見ていた。当時は、騎士階級は通常世襲であったが、騎士の装束と武具をととのえ、武勲を挙げれば、騎士に取り立てられることもあったのである。

マヨーレスとミノーレス

この時代、封建制が確立し、社会には厳しい身分制度があり、大まかにマヨーレス（Maiores）と呼ばれる上流階級とミノーレス（Minores）と呼ばれる庶民階級に分かれていた。ラテン語で「より大きな者」を意味するマヨーレスには、王侯、貴族、高位聖職者、騎士が所属し、「より小さな者」を意味するミノーレスには下級聖職者、農民、職人、商人、農奴が属していた。マヨーレスとミノーレス間の富の所有の格差は大きく、少数の上流階級が大部分を所有し、庶民階級は貧しさに苦しんでいた。

やがて、マヨーレス階級とミノーレス階級の間に、新しい階級が生まれてくる。経済活動に従事する商工業者の新興階級である。かれらは豊かな経済力によって政治の領域と社会生活の上で力を持つようになった。ベルナルドーネ家もこの階級に属していた。しかし、豊かな富を持ちながらも、身分としてはミノーレスである。このような社会的状況の中で、フランチェスコはマヨーレス階級に憧れ、騎士になることを希求する。

吟遊詩人の時代

中世は吟遊詩人（トゥルバドゥール）の時代でもある。かれらは、理想化された騎士道と高貴な愛の歌を詠いながら、各地を巡り歩いた。南フランスのプロヴァンスが吟遊詩人の故郷である。かれらはイタリア半島にも足を伸ばした。シャルル＝マーニュや円卓の騎士たちの英雄的な行為を詠い上げるこれらの詩人たちの姿はフランチェスコの故郷の町

中世の城砦跡　ロッカ - マジョーレ

アッシジでもしばしば見られた。

騎士道への憧れを抱くフランチェスコは細やかな感性と豊かな詩情の持ち主である。吟遊詩人たちが詠う叙事詩の調べに、フランチェスコの心は高揚したであろう。かれは、これらの調べを聞きながら、英雄的な行為によって、吟遊詩人たちが詠う物語に登場する騎士に自分の姿を重ねるようになる。騎士は主君に忠誠を誓い、悪と戦い、弱い者を守るためには一身をも抛《なげう》つのである。後年宗教生活に入った後も、騎士道への思いを失うことはない。しかしそれは、現世的な騎士道ではなく、キリストを主君とする精神的な騎士道へと昇華していくのである。

城砦の破壊

緩やかに流れるフランチェスコの生活に大きな変化をもたらす事件が勃発する。一般市民たちが、神聖ローマ帝国の城砦を破壊する行動に出たのである。当時アッシジは、現在のドイツを中心とする神聖ローマ帝国の支配体制のもとにあった。帝国から派遣された総督は、現在でも廃墟として残っている山の中腹に築かれたロッカと呼ばれる城砦に拠って町を支配していた。アッシジは支配体制を支える貴族階級とその支配に反発する市民階級に二分されていた。

市民たちは神聖ローマ帝国の支配から離脱する機会を狙っていた。その好機が到来する。一一九七年九月、神聖ローマ皇帝ハインリヒ六世（在位一一九〇〜九七）が狩の際事故に遭い、シチリアで死去する。この知らせは急速にイタリア半島に広がり、帝国の支配を脱して新しい政治体制を作り出そうという機運が生まれ、各地で反乱が勃発する。

一一九八年四月、神聖ローマ帝国のアッシジ総督であったリュッツェンのコンラード侯は、アッシジの支配権を教皇インノケンティウス三世（在位一一九八〜一二一六）に委譲するために、当時教皇が滞在していたナルニに赴いた。インノケンティウス三世は教会史上卓越した教皇の一人に数えられ、キリスト教界の精神性と教皇庁の政治力を高めた教皇であった。

コンラード侯の不在を突いて、市民たちは城砦を破壊した。さらに、神聖ローマ帝国の支配体制を支えていた貴族たちを追放し、市民自身による自治政府を樹立した。貴族たちは、アッシジと敵対していた隣のペルージア市に亡命する。市民たちは、町を守るために築かれていた城壁を補強するために、破壊された城砦の石材を利用した。フランチェスコもこれらの行動に参加したことであろう。

アッシジとペルージアとの戦い　間もなく、ペルージアとアッシジとの間に戦闘が開かれる。ペルージアはローマとフィレンツェの間にある古い大学都市で、現在はウンブリアの州都である。アッシジとの距離は約二五キロメートルである。アッシジから追放された貴族たちは、失った地位と特権および財産の回復を目指していた。そこでペルージアの力を借りて戦いを起こした。ペルージアも、この機をつかんで長年の宿敵アッシジを攻略し、自らの支配のもとにおこうと企んだのである。この戦いはコレストラーダの戦いと呼ばれるが、両者の争いはその後も数年間に渡って続くことになる。

アッシジとペルージアは、テヴェレ河にかかるサン・ジョヴァンニと呼ばれる橋の近くに軍隊を繰り出した。軍隊といっても、町と町との戦闘であるから、動員された兵員の数は、双方とも数百人にすぎなかったであろう。

多くの若者たちが家族と故郷を守るために、武器を執った。裕福な商人の総領息子として安逸な生活を楽しんでいたフランチェスコも戦闘に参加する。祖国防衛という純粋な気概と共に、武勲を立てる機会が訪れたという思いがあったことも事実であろう。軍功を挙げ、騎士になることを夢見るフランチェスコにとっては願ってもない出来事であった。

フランチェスコを待っていたものは、幸運ではなかった。かれは、敵に捕らえられ、捕虜として、ペルージアの獄舎につながれる。獄舎での生活は一年余続くことになる。獄舎でもかれは生来の陽気で、明るい態度を失うことはなかった。それは、獄につながれていた戦友たちの心を和ませ、かれらを勇気づけた。やがて、アッシジとペルージアの間につかの間の和議が成立する。父ピエトロが莫大な身代金を支払って、フランチェスコは解放され、アッシジへと帰ることになる。惨めな帰還であった。しかも、獄舎での劣悪な生活条件は、剛健とはいえないかれの体の健康状態を悪化させていた。

心の旅路

心の変化

ペルージアの獄舎で健康を損なったフランチェスコは、故郷に帰ってから、しばらく病床につくことになる。この頃から、かれの心の中に変化が起こってくる。心の奥底に寂寞としたものを感じるようになる。これまで心を楽しませてくれた恋の歌も酒宴も友との語らいも、そしてウンブリアの優しい自然も、今はかれの心を満たしてはくれない。だが、このかすかな変化をかれはまだはっきりと意識することはない。そして、騎士になる憧れはいまだ心の底に強く残っている。

やがて、騎士への夢を実現させるかに見える機会が再びやってくる。南イタリアのプーリア地方で、当時イタリア半島中央部を統治し、ヨーロッパの君主たちの上に君臨していたローマ教皇庁と神聖ローマ帝国との間に戦争が起こったのである。言いようもない躍動感がフランチェスコの心を高ぶらせる。

当時、神聖ローマ帝国の皇帝はナポリとシチリアの国王も兼ねていた。帝国の王子の後見を巡る教皇インノケンティウス三世とドイツの諸侯との間の争いが、この戦争の発端であった。ハインリヒ六世の未亡人は、後にフリードリヒ二世（在位一二一五～五〇）となる息子の後見をインノケンティウス三世に依頼していた。これにドイツの諸侯が反発したのである。神聖ローマ帝国が教皇庁の支配を受けるのを恐れたのであろう。後日、教皇インノケンティウス三世から一代置いた教皇グレゴリウス九世（在位一二二七～四一）とフリードリヒ二世との間に不和が生じるが、皮肉なめぐりあわせである。

緒戦では教皇庁軍が劣勢であったが、態勢を建て直し、次第に勝利を勝ち取り始める。戦いを有利に進めたのは、教皇庁軍を指揮したノルマンディーのゴーティエ＝ド＝ブリエンヌ伯爵であった。この知らせは急速にイタリア半島に伝わっていった。やがて、ド＝ブリエンヌ伯のもとで戦うために、多くの戦士や若者がイタリア半島各地から集まって来る。噂はアッシジにも聞こえ、フランチェスコの耳にも達した。この戦いは騎士になる夢をかなえてくれるかもしれない、とフランチェスコは再び胸を膨らませる。

プーリアへ

早速かれは戦いに加わる準備に取り掛かる。父ピエトロも息子の夢をかなえるために、武具や馬の調達に必要な資金を準備した。フランチェスコの祖父がアッシジで始めた商売はピエトロの時代になって大いに繁盛し、アッシジでも有数の豪商になっていた。しかし、かれはただの商人として生きることに満足していなかった。富の次に人間が求めるものは権力と名誉である。自分の時代にはかなえられなくとも、息子が騎士になり、将来はベルナルドーネ家が貴族に列せられることを願っていた。

そのようなある夜、フランチェスコは夢を見る。かれの死後間もなく書かれた伝記は、こぞってこのエピソードを写実的に伝えている（チェラノのトマス『第一伝記』、同『第二伝記』、シュパイエルのユリアーノ『聖フランシスコの伝記』、作家不詳『三人の同志の伝記』、ボナヴェントゥラ『大伝記』）。夢の中に豪壮な宮殿が現れる。それは軍馬や様々な武器で満ちあふれていた。宮殿の奥深くには、花嫁の衣装をまとった美しい少女がいた。

フランチェスコがいぶかしんでいると、「フランチェスコ」と呼ぶ声が聞こえた。その声は、宮殿も武器もかれのものになり、深窓の麗人はかれの花嫁になるだろうと告げる。フランチェスコは、この夢がかれの将来を占うものであると確信し、プーリア地方へと旅立っていく（『第一伝記』一番、五番、『第二伝記』六番、『大伝記』第一部第一章三番、『三人の同志の伝記』第二章）。

不思議な声と帰郷

旅の途中、スポレートという町で、フランチェスコはまたも夢を見る（『三人の同志の伝記』第二章）。自分の家で見た夢の中で呼びかけたあの声が、どこに行くつもりなのかと問いかける。フランチェスコは自分の計画を打ち明け、南イタリアでド＝ブリエンヌ伯のもとで戦うためにプーリアへ赴く途中であると答えた。

不思議な声は、さらに問いかける。「主人と僕《しもべ》とに仕えるのでは、どちらが優れているか。」フランチェスコは「もちろん主人に仕えるほうが優れています」と答える。すると「ではなぜ主人に仕えずに、僕《しもべ》に仕えようとするのか」となおも尋ねる。フランチェスコは答えに窮し、「では、わたくしはどうすればよいのでしょうか」と問い返した。声は答える。「故郷へ帰りなさい。何をすればよいか、そこで示されるであろう。」

中世の宗教的な伝記文学には夢や幻という言葉がしばしば登場し、大事なことがそれよって示されている。これは当時の叙述の仕方である。これらの伝記作家たちは、心の中で強烈な宗教体験を受けたことを、このような比喩的表現で伝えようとしているのである。

フランチェスコは、心に響いた不思議な声に促されて、アッシジへ帰っていった。名誉な帰還ではなかった。しかしこの時、かれの心の中には大きな変化が起こっていた。誰もこの変化に気づいてはいなかった。友人たちは、相変わらずフランチェスコを社交に誘った。かれは、これまでの友情を大切にして、かれらと行動を共にしようとした。しかし、以前のように、楽しみや喜びを覚えることはなかった。かれの価値観に大きな変化が起こっていたのである。友人たちは、これまでとは異なるフランチェスコの表情や態度、行動をいぶかった。かれらは、恋をしているのか、とフランチェスコをからかった。するとフランチェスコは、そうだ、君たちが見たこともないような美しい女性を妻にするつもりだ、と答える（『第一伝記』七番）。

決定的な体験

この頃、フランチェスコは、かれの将来に決定的な変化を与える体験をする。ある日、散策をするために馬に乗って、町の城門を出た。馬を走らせている時、ハンセン病患者に出会った。潔癖で、繊細で、洗練されたものを好んでいたフランチェスコにとって、この種の病人に出会うことは、この上ない苦痛であった。

今日ヨーロッパではハンセン病は完全に姿を消したが、当時は各地に広がり、多くの病人が、治療のすべもなく打ち捨てられていた。以前はらい病とも呼ばれ、『旧約聖書』でも言及されているこの病気は、十字軍を介して中東から西ヨーロッパに伝えられたと言われている。病人たちは人間としての権利を剝奪され、家族と社会から追放されて、人里離れた場所に隠れ住んでいた。

健常者と同じ泉から水を汲むことさえ禁じられ、途中で人に出会うと、自らハンセン病患者であると名乗って、自分のところに近づかないよう警告を発しなければならなかった。現代でも、先進国と呼ばれる地域においてさえ、似たような措置がとられたのである。

当時は各地にカトリックのクルチゼリ修道会が運営する病院があり、修道士たちは献身的に看護に当たっていたが、その数は十分ではなかった。また有効な治療方法も薬品も見つかっていなかった。まさに確実に死にいたる病であり、患者たちは文字通り死を待つのみであった。

修道会は、教義を異にする宗派ではなく、カトリック教会内で同じ教義を奉じながら、それぞれ固有の規律の下に生きる人々の任意団体である。このような生活様式を修道生活と呼んでいる。修道生活は観想生活と活動生活とに大別される。観想修道会は、修道院の禁域の中で主に瞑想、労働、学問研究に従事し、活動修道会は特殊性を生かして学問研究、教育、医療、社会福祉、マスメディアなどに従事する。また外国伝道はほとんど修道会によって行われる。カトリック教会内には、男女合わせて、数千の修道会があると言われている。修道会に所属する者は修道者と呼ばれ、独身の貞潔、従順、清貧の三つの誓願を宣立する。

病人を見て嫌悪を感じたフランチェスコは、本能的に馬を駆って走り去ろうとした。しかし、目に見えない何かがかれを引きとめた。それは、幾度かかれの心に語りかけたあの声であったのだろうか。フランチェスコは目に見えない力に押されるかのように馬から下り、病人に金を握らせ、しかもその手に接吻した。これまでのかれには考えられない行動であった。

フランチェスコはこの時の体験を、亡くなる前に書き取らせた弟子たちへの遺言のなかで次のように回想している。「私がまだ罪の中にいた頃、ハンセン病患者を見ることは、余りにもつらく思われました。それで、主は自ら私をかれらの中に導いてくださいました。そこで、かれらを憐れみました。そして、かれらのもとを去った時、以前につらく思われていたことが、私にとって魂と体の甘味に変えられました」(『アシジの聖フランシスコの小品集』の第二六章『遺言』)。この時以来、フランチェスコはしばしばハンセン病患者の住んでいるところに行って、かれらの世話をするようになる。

十字架からの声

ハンセン病者との出会いを体験して間もなく、フランチェスコはもう一つの体験をすることになる。十字架から語りかける声を聞くのである。この二つの体験は、かれの生涯を決定づけるものとなる。これらの体験をきっかけに、自らの生き方を完全に変え、新しい生き方をすることになるからである。伝記作家たちはこの心の変化を「回心」と呼んでいる。こうして、かれは新しい人間として生きることになる。回心は、自己中心的な生活から脱却して、神が望むままに生きるという徹底的な自己変革を意

サン-ダミアノ聖堂の十字架の声を聞くフランチェスコ　ジョットー筆

フランチェスコに語りかけたとされる十字架

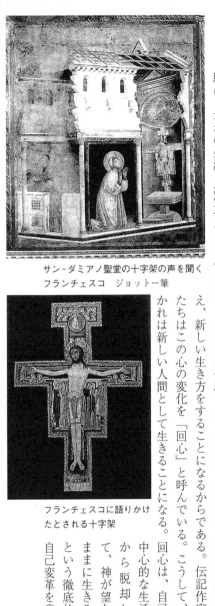

味している。

　かれの伝記を書いたボナヴェントゥラは、フランチェスコは回心から二〇年後に亡くなったと述べている（『大伝記』第一部第一四章三）が、四四歳で死去しているので、そこから算出すると、回心したのは二四歳であった。当時としては分別の年齢である。フランチェスコは、この新しい人間としての生き方を「償いの生活」と呼んでいる。それは回心の生活を指している。

　自らのこれからの生き方を模索していたフランチェスコは、しばしばアッシジの町の郊外に出て、散策し、瞑想に時を過ごした。あの不思議な声が再び語りかけることを待っていたのかもしれない。そのようなある日、かれは声を聞く。それは、散策の途中アッシジの城壁の外にあるサン‐ダミアノと呼ばれる小さな教会に入った時のことであった。後日、ここにはフランチェスコの女性の弟子クララを中心に創立されたクララ会の修道女が住むことになる。瞑想と沈潜に適した閑静な場所で、現在では、男子の修道院がある。クララ修道院は後年アッシジ市内に移ることになる。

　教会堂で祈っていると、フランチェスコは声を聞いた。その声は祭壇の上にかかっているビザンチン様式（ローマを中心とする西方教会に対して、ギリシアを中心とする教会は東方教会、または東ローマ帝国の首府であったビザンチンの名前をとってビザンチン教会とも呼ばれる）の十字架から聞こえてきた。「フランチェスコごらん、私の家は崩れかかっているではないか。建て直してはくれまいか」（『第二伝記』第一〇番、『大伝記』第一部第二章一番、『三人の同志の伝記』第三章）。

フランチェスコが見まわすと、教会堂は荒れ果てていた。「私の家」とは、今祈っている教会堂であるとかれは理解する。フランチェスコはこの声がはっきりと聞こえてきたこと、語りかけたのはイエス＝キリストであったことを確信した。この声がたとえ物理的に聞こえなかったにしても、かれは心の中で確かに聞いたのである。

この時以来、フランチェスコの心には十字架にかかったイエス＝キリストの姿が焼きつき、片時も忘れることはなかった。イエスは何のために十字架にかかったのかと、自らに問いかけたであろう。それは人類の救いのため、人間への限りない慈悲のためであったと悟った時、かれはイエス＝キリストに従って、イエスが生きたように、神と人々への奉仕の中に生きていこうと決意した。フランチェスコに語りかけたと言われる十字架は、現在アッシジ市内のクララ会修道院の教会の祭壇上にかかっている。

金の出所

家に帰ると、フランチェスコは店の商売物の布地を何点か持ち出して、馬に積み、この地方の商業の中心都市であったフォリーニョへ向かった。この町はアッシジの南に位置しており、ここで布地と馬を売り払った。そして、約一二キロメートルの道を歩いて、アッシジに帰った。細かい金銭感覚を持っていた父親がいたならば、激怒したであろう。しかし、父は商用で不在であった。

早速フランチェスコは、サン‐ダミアノの教会へ赴き、教会の修理と貧しい人たちのために使ってもらいたいと、布地と馬を売って得た金を司祭に差し出した。そして、今後司祭のもと住まわせてもらいたいと懇願した。司祭は困惑した。これまで贅沢な生活をし、アッシジの裕福な家庭の若者たちの先頭にたって遊蕩していたフランチェスコのことは、この貧しい司祭の耳にも届いていたのである。この若者の行動をどのように理解すればよいのか迷ったであろう。

司祭はフランチェスコがかれのもとで暮すことには快く応じたが、金は受け取らなかった。金の出所に疑念を感じ、何よりも、有数の裕福な商人として、アッシジの政治にも発言権を持つ父親のピエトロ＝ベルナルドーネを恐れたのである。仕方なくフランチェスコは金を教会の壁の裂け目の中に投げ込んでおいた。一抹の疑いはあるものの、司祭がフランチェスコにサン‐ダミアノ教会付属の建物に住まうことを許したのは、この若者が特別な何かを持っていると感じたからであろう。

教会の修復

司祭のところに住むことを許されたフランチェスコは、あの不思議な声の主の望みに沿って、早速サン‐ダミアノ教会の修復に取りかかる。華美な衣服を脱いで、農民や労働者がつける服を身につけ、貧しい司祭が提供してくれる粗末な食事で満足した。労働をしたことのないフランチェスコにとって、石を運び上げ、屋根を葺き、壁を塗り、床を清掃することは大きな負担であったことであろう。しかし、これまで感じたことのない充足感を味わった。新しい生き方が始まったことを感じていたのである。

この後かれは、サン‐ダミアノ教会だけでなく、他にいくつかの教会も修理することになる。フランチェスコは、「私の家を建て直せ」という十字架からの言葉を、文字通りに教会堂を修理することと理解していた。しかしこの言葉は、ボナヴェントゥラが神学的に解釈しているように、教会堂の修理である共に、信仰者の集まりである霊的生命体としての教会の精神的刷新をも意味していたのである（『大伝記』第一部第二章八番）。まさしく、意識することはなかったとしても、フランチェスコの生き方は教会を精神的に刷新し、改革することになるのである。

商用から帰った父のピエトロは、息子が大事な商売物と馬を売り払い、その代金を持ち出して、家出したことを知って激怒し、連れ戻すためにサン‐ダミアノ教会にやってきた。父が来たと知ったフランチェスコは、近くの森に逃げ、その後数日間洞窟に身を隠した。やがてかれは、身を隠している間に、新しい生き方を選び取ったにもかかわらず、父と人々の前から逃げ出したことを後悔した。そこで、隠れていた洞窟を出ると、勇気を奮ってアッシジの町に出て行った。かれは人々の嘲笑に出会い、孤独を味わうであろうことを覚悟していた。かれの人生の唯一の師であるイエス＝キリストは人々の嘲笑と弟子たちにさえ見捨てられるという孤独のうちに十字架の上で息絶えた。フランチェスコはこの師の跡を歩もうと心に決めた。

親しい者との決別

フランチェスコの決意と裁判　フランチェスコが町に帰って来た時、人々は驚き、かれが正気を失ったと思った。粗末な服をつけ、その顔は労働と粗食でやつれていた。あたかも狂人に対するかのように、人々はかれに罵声を浴びせ、嘲弄し、悪童たちの中には石や汚物を投げつける者さえいた。フランチェスコはひるまなかった。超然とした態度でなすがままにさせていた。

この騒ぎを聞きつけた父親のピエトロが、怒りに震えながら走ってきた。人々の笑い者になっている息子を見ると、引きずるようにして、かれを連れ帰った。ピエトロの自尊心はいたく傷つけられた。これまでに築き上げた有能な豪商としての名声は地に落ちたと思った。そこで今後人々の物笑いにならないようにと、フランチェスコを頑丈な座敷牢に監禁した。

間もなく、父は商用で外国に出かけた。フランチェスコの決意が並々ならないものであると感じていた母親のピカ夫人は、夫が出かけると牢の鎖を解いた。フランチェスコは再び、教会の修復と病人の世話に戻った。父ピエトロ＝ベルナルドーネは、旅から帰って、フランチェスコが逃げ出したと知ると、再び連れ戻そうと試みた。だが、フランチェスコの決心は固かった。

ピエトロは、フランチェスコが翻意しなければ廃嫡することを決意し、法廷に訴え出ることにした。裁判はアッシジの司教のもとで行われた。フランチェスコはすでに宗教生活を送っている者とみなされ、裁判は教会の法廷で行われることになったからである。

カトリック教会には聖職者の位階制度があり、その中には助祭、司祭、司教が含まれる。ローマの司教でもあるローマ教皇は司教の中の一人であるが、ペトロの後継者とされ、キリストのペトロへの約束から、司教たちの中で首位権を持っている。司教は、教区と呼ばれる一定地区の教会の責任を持ち、宗教的な統治を行う。カトリック教会には固有の裁判所があって、一般には精神面のことを取り扱うが、教会の組織内のことであれば、物質的なことも取り扱う。

苦渋の決断

当時のアッシジの司教はグイド二世であった。ピエトロ＝ベルナルドーネの訴えを受けた司教は、フランチェスコを法廷に召喚した。現在サンタ‐マリア‐マジョーレと呼ばれている司教館前の広場が法廷となったと考えられる。多数の市民が裁判を傍聴しようと集まっていた。グイド司教の法廷に立つと、ピエトロ＝ベルナルドーネはフランチェスコに、放浪者のような生活を止め、家に帰るよう求めた。もし応じなければ、廃嫡すると言い、フランチェスコが持っている金を全部返すことを要求した。

父親の訴えを聞いていたフランチェスコは、持っていた金を全部父親に返し、司教と裁判のなり

アッシジでの裁判　アッシジの司教のもとでの裁判で遺産相続権ほか持っている物すべてを放棄したフランチェスコ　ジョット一筆

行きを見守っていた人々に向かって言った。「これで、これからは《父ピエトロ＝ベルナルドーネ》ではなく、《天におられる私たちの父よ》（マタイ　一一、九）と言うことができます。金だけではなく、身に着けているものも全部返します。」

言い終わると、フランチェスコは着けている衣服をすべて脱ぎ捨てて父親のもとに置き、一糸まとわない姿になった。ここに劇的な父子の決別が行われる。子の心も父の心も痛んだであろう。ピエトロは金と息子の着けていたものと財布をかき集めるようにして拾い上げ、怒りと恥辱、寂しさの交錯する心で、軽蔑と同情の混じった民衆の視線を背にして、悄然と帰って行った。フランチェスコにとっても苦渋の選択であったに違いない。

こうしてフランチェスコは、持っていた金も衣服も、家督相続権も、そして名前までも捨てたのである。今後はもはやフランチェスコ＝ベルナルドーネではなく、ただのフランチェスコとなるのである。父と断絶した時のかれの言葉は、この世と肉親の家族からの決別と神への絶対的信頼を意味していた。この時の父と子の悲しみをだれが理解できたであろうか。フランチェスコの心も痛まなかったわけではない。

神と人々への奉仕に生きるためには、フランチェスコは身を切るような苦しみを受け入れ、乗り越えなければならならなかった。ここでフランチェスコの人間的成長も一段と高まっていくのである。後になってフランチェスコは、生涯のうちで一番つらかったのは何であったかと問われた時、小声で、父との決裂であったともらしたという。

キリスト随順の道

その後のフランチェスコと父とのかかわり、またかれの家族との決別に対して母親であるピカ夫人がどのように反応したかについて、伝記作家たちは沈黙している。後年フランチェスコが人々の畏敬の的になった時、父ピエトロは息子を誇りに思い、心の中で密かに敬意を表し、母は最愛の息子の生き方を慈愛の心で見守ったことであろう。フランチェスコの生家とされている場所には、現在ピエトロとピカ夫人の肖像が建っている。ピカは鎖を手にしている。

これまでフランチェスコを狂人扱いしていたアッシジの人々も、かれの生き方の変化が一時の気まぐれや狂気からでないことを悟った。そして、すべてを抛って、徹底的に新しい生き方をしようとするフランチェスコの姿に感動する。

裁判官である司教も深く心を打たれた。かれは、羽織っているマントでフランチェスコの華奢な裸体を覆い、こうしてかれが今後自らの保護の下にあることを示した。やがてグイド司教は、フランチェスコが身に着けるものを持ってくるように命じた。貧しい庶民たちが着る粗末な衣服が用意された。フランチェスコは感謝して、それを身に着け、その着物に十字架のしるしをつけた。

こうしてかれは、「裸で十字架につけられたキリストに、裸で付き従って生きよう」（『大伝記』第一部第二章四番）と決意したのである。一切のものを放棄するというこのキリスト随順の道は、フランチェスコの生涯を通しての生き方となるのである。

Ⅱ　修道会設立と新しい生き方

道を求めて

石と漆喰

アッシジの司教の法廷での父との決別の後、フランチェスコはしばらく旅に出る。アッシジの北方にある山間の町グッビオの友人を訪ねるためである。ここは後年、フランチェスコと狼にまつわる逸話で知られるようになる。旅から帰ると、サン-ダミアノ教会の修復の仕事に戻り、再びそこの司祭のもとに身を寄せた。かれは、資材を調達するために町に出て、人々に石や漆喰を乞い求めた。フランチェスコの真剣な姿と妥協を許さないその生き方に感銘を覚え始めた市民たちは、快くかれの求めに応じた。建築資材を提供してくれる者には、神が報いてくださるであろうことを、感謝の言葉とともに約束した。

父や家族との決別の後も、フランチェスコはサン-ダミアノ教会の司祭のところに住み続けた。司祭自身貧しかったが、毎日激しい労働にいそしむフランチェスコには、できる限り良質の食事を提供していた。やがてフランチェスコは、これでは清貧を追求する人間に相応しい生き方ではないことに気づく。そこで、労働が終わった後に戸ごとに食べ物を乞い求めることを思いついた。

「私は、自分の手で働きました」

修復の仕事のかたわら、かれはアッシジの町に出て、人々の好意に頼って、托鉢を始めた。美味な食物に慣れ、繊細な感性の持ち主のフランチェスコにとって、物を乞い、粗末な食べ物、時には家畜が食らうようなものを食することは、耐えがたい苦痛であったに違いない。これにもまして辛かったのは、知り合いの者、特に以前の遊び友達の家で、かれらに物乞いをすることであった。憐憫の情の混じったかれらの好奇の目はかれの自尊心をはなはだしく傷つけるものであったからである。かれは心の中で自分自身と戦わなければならなかった。やがて、苦しみの体験を通して自らに打ち克つことに成功するのである。

フランチェスコは托鉢を行って人々の善意に頼るが、後の行動や言葉からわかるように、かれにとって托鉢は生活の糧をえるための第一の手段ではなかった。先ず労働こそ生活の糧を得る手段であった。晩年次のように回想している。「私はまた、自分の手で働きました。そして今も働くことを望みます。すべての兄弟もふさわしい仕事に従事するよう、切に望みます。働くことを知らない人は、それを学びなさい。しかし、これは働きの報酬を受ける欲望のためではなく、模範を示し、怠慢を避けるためです。働きの報酬が与えられない時には、戸ごとに施しを求めて、主の食卓に頼りましょう」(『遺言』)。こうして、フランチェスコの新しい生活が始まる。それは、自らに打ち克ち、神と人々へ奉仕する生き方であった。

かれは、サン‐ダミアノ教会の修理を終えると、すでに述べたように、他のいくつかの教会の修理を行っている。これらの教会の中には、ポルチウンクラとも呼ばれる天使の聖マリア教会もあった。この天使の聖マリア教会はベネディクト会のものであったが、当時修道士たちはここに住んでいなかったようである。後年ポルチウンクラには壮麗な教会が建ち、教会の周辺は新しいアッシジの中心となっている。

ベネディクト会は、西欧修道生活の父と言われ、ヨーロッパの保護の聖人であるノルチアのベネディクトゥス（四八〇～五五〇?）によって創立された修道会である。その後、ベネディクト会からはシトー会が生まれた。シトー会にも改革運動が起こり、厳律シトー会と呼ばれるトラピスト会が派生する。

イエスの言葉

サン＝ダミアノ教会と天使の聖マリア教会（ポルチウンクラ）の二つは、フランチェスコとその弟子たちにとって重要な場所となる。後年、サン＝ダミアノ教会のかたわらでは、フランチェスコにとって女性の弟子となるクララとその同志の修道女たちが修道生活を送るようになる。ポルチウンクラは後日、フランチェスコがその弟子たちと共に、修道会創立の許可と会則の認可の後に定住する場所になり、かれが創立する「小さき兄弟会」の精神的な中心地となる。

荒廃していた教会の修復も終わりに近づくと、フランチェスコは今後の自らの歩むべき道を模索し始める。すでに、すべてを放棄し、家族との絆も断ち切り、宗教生活に入っていた。しかし、具体的にどのように生きて行くのかということは、未だはっきりしていなかった。手探りのうちに明確な生き方を模索し続けていた。ある冬の朝、かれはポルチウンクラの教会でミサに与った。

ミサは、カトリック教会のもっとも大切な儀式で、正式には聖体祭儀と呼ばれる。この祭儀のラテン語の典礼文では、閉祭の時の派遣の言葉として、"Ite, Missa est"(行きなさい。遣わされたのである)という言葉が使われる。この中のMissa(ミッサ)という語が、次第に聖体祭儀全体を指すようになり、現在でも用いられている。なお、聖体祭儀(ミサ)はキリストが弟子たちと共に行った最後の晩餐と全人類の救いのために自らを奉献した贖いの十字架の死を、教会堂の祭壇の上で、時間と空間を超えて永続化するものである。

この頃フランチェスコは、この教会の近くに住んでいたのかもしれない。教会でミサに与ったのは、一二〇八年二月二四日の使徒マティアの祝日であった。この祝日は、現在では五月一四日に祝われている。このミサの中で、「マタイ福音書」一〇章に伝えられている次の言葉が朗読された。「行って、《天の国は近づいた》と述べ伝えなさい……帯の中に金貨も銀貨も銅貨も入れて行ってはならない。旅には袋も二枚の下着も、履物も杖も持って行ってはならない。」このくだりはイエス゠キリストが弟子たちを伝道に遣わすにあたって語った言葉である。

福音書とは、『新約聖書』の中のキリストの言葉と事跡を載せた四冊の本（マタイ、マルコ、ルカ、ヨハネ）のことで、福音は良い便りという意味で、キリストによる救いおよび救いに関するイエス＝キリストの教えを指す。

ミサが終わると、フランチェスコは司祭のもとに行き、この言葉の意味を解説してくれるように頼んだ。司祭の説明を聞いて、かれは歓喜して叫んだ。「これこそ、私が望み、捜し求め、心から熱望していたものである」。かれは靴を脱ぎ、杖を捨て、財布と金も投げ捨て、着るものも一枚だけにし、革帯の代わりに縄帯をしめた。

イエス＝キリストのこの言葉はフランチェスコにとってはまさに神からの啓示であった。かれは『遺言』の中で、神が「啓示した」という言葉を二度用いているが、このような表現をもって神が特別な形でかれに現れて何かを直接示したという意味で用いているわけではない。聖書の言葉や他の者の助言または話を聞く中で、神の望みは何であるかを追求し、自らの心の中で感じ取ったものを、深い信仰の中で確信をもって受け止めていた。このようなことをかれは神の「啓示」と呼ぶのである。

ポルチウンクラでのミサでイエス＝キリストの言葉の中に霊感を見出し、自らの歩む道を発見したフランチェスコは、人々に神の言葉と回心の生活を告げるために、近くの町や村を遍歴する。神の言葉を告げると共に、日々の糧を得るために、農家や職人のもとで働かせてもらった。かれのこの巡回説教は珍しいことではなかった。当時、ヨーロッパでは宗教運動が起こり、この運動に参加する人々がすでに、各地を巡って、伝道していたからである。

やがて、フランチェスコのもとには、かれと共に神と人々への奉仕に生きることを求める若者たちが集まってくる。道を求めて最初にフランチェスコのところに来たのは、アッシジの裕福な商人であったクインタヴァッレのベルナルドであった。その後、法学者のペトロ＝カタニと農民出身のエジディオが加わる。新しい生活様式を許可してもらうためにローマ教皇のもとへ赴く頃には、弟子の数は一一人になっていた。

周りに弟子たちが集まると、かれらは、アッシジの旧市街地から四キロメートルほど離れたリヴォトルトに住むようになる。ここには、現在フランチェスコと弟子たちの初期の生活を記念する教会と修道院がある。リヴォトルトとは「曲がりくねった小川」という意味で、教会の側には小さな川がある。かれらの生活と活動は、フランチェスコがこれまで行ってきたように、神の言葉と回心の生活を告げることであった。生活の糧は自らの労働で獲得した。

新しい生き方の宣言

当時、男性の衣服は帯に重点が置かれていた。それは、しめる者の社会的な地位を示していた。革製の帯に、騎士は長剣と短剣を、商人は金入れを吊るしていた。修道者も伝統的に革帯を用いていた。フランチェスコと弟子たちは、革帯の代わりに縄帯をしめた。革帯を縄帯に換えることによって、戦いと富と地位を拒絶したのである。こうしてかれは貧しく、謙虚に、人々の中で新しく生きることを自らに向かって宣言した。

フランチェスコと弟子たちは、町々や村々を巡って、伝道の旅を続ける。当時ヨーロッパ各地では、宗教心の覚醒とキリスト教会の刷新を求める運動が盛んであった。歴史家が宗教運動と呼ぶものである。この運動は一一世紀に始まったグレゴリウス改革運動と呼ばれる教会の刷新運動に起因している。

教会の精神性の低下を憂慮したカトリック教会当局は、抜本的な刷新運動を展開した。当時ベネディクト会では、フランスのクリュニー修道院を中心に、修道生活の刷新が行われていた。クリュニー運動と呼ばれるものである。教会は、この運動の理念を教会全体の刷新に取り入れ、改革に着手した。教会のこの刷新運動は、運動において中心的役割を演じ、強力な指導力で推進した教皇グレゴリウス七世（在位一〇七三～八五）の名にちなんで、一般にグレゴリウス改革運動として知られている。

この改革においては、特に聖職者の生活が重視された。司祭の独身生活が再確認され、また『新約聖書』の使徒言行録（八、一四～二四）に登場する魔術師シモンの名前にちなんでシモニアと呼ばれる聖職売買と司祭の妻帯が厳しく禁じられた。西欧キリスト教会においては、司祭の独身生活は法律的に確立されていたが、司祭たちの中には依然として妻帯している者も見られた。

教会で働く司祭や司教には教会祿という財産が与えられており、また教会と政治の緊密な結びつきから、司教の中には、教会の司牧者であると同時に封建君主である者もいた。本来司教の任命は教会固有の専権行為であるが、皇帝や王は司教の任命に干渉することが多くなった。また、聖職者としての適性を持たない者が財産目当てに司祭や司教になるという事態が起こってきた。さらには、司祭の職務を金で買うという忌まわしいことさえ行われた。これは当然、司祭たちの質の低下を招き、ひいては教会の精神生活を弱体化させる結果となった。

教会は、この刷新運動の効果をあげるために、信徒に対して妻帯しているかまたはその他の形で独身不犯を守っていない司祭および聖職売買の司祭が執行する秘蹟には与らないよう勧告した。秘蹟とは、サクラメントと呼ばれ、イエス＝キリストによる救いの恵みを目に見える形で与え、それを示す印のことで、洗礼、堅信、聖体祭儀（ミサ）、ゆるし、病者の塗油、結婚、司祭職への叙階の七つがある。カトリック教会とギリシア正教では秘蹟は七つであるが、一般にプロテスタント教会では、洗礼と聖体祭儀（聖餐式）の二つだけをサクラメントとして認めている。

教会の精神生活を高め、適性を持つ者のみを聖職者に登用する処置を行う中で、司教の任命を本来の教会の専権事項に戻そうとする努力がなされた。特に教皇グレゴリウス七世によって推し進められた。これは、司教任命に干渉するという既得権を失うことを欲しなかった君主たちと改革を強力に推し進めるグレゴリウス七世との間に紛争を巻き起こした。叙任権闘争と呼ばれるものである。ことに神聖ローマ帝国の皇帝ハインリヒ四世（在位一〇五六～一一〇六）と教皇グレゴリウス七世との対立は激しかった。教会からの破門を受けて、皇帝は一度は教皇に屈したが（カノッサ城での哀願）、間もなくイタリアに出兵してローマを占領した。教皇はサンタンゼロ城に逃れ、その後ナポリの南方にあるサレルノで客死した。

グレゴリウス改革運動による教会のこのような措置は、一方で大きな効果をもたらしたが、他方では、ヨーロッパ各地で、清貧運動とも呼ばれる、一般の信徒を中核とする、いくつもの宗教運動を生み出すことになった。[*1] この運動の目指すところは、教会の内部改革と刷新である。イエス＝キリストの福音を文字通りに実行する、回心の生活をする、教会における信徒の役割と責任を見直す、巡回説教を行う、自らの労働で生活の糧を得る、私有財産を放棄して、無所有に生きることが、これらの運動に共通する目標であった。

これらのうちの主なものとしては、クサンテンのノルベルトに始まるプレモンストレ、アリアルドとランドルフが始めたパタリア、フミリアティ、貧しいカトリック者、ベギネン、ペトロ＝ワルドを創始者とするリヨンの貧者の団体がある。後には、プレモンストレやフミリアティのように教会内の修道会に発展するものもあったが、リヨンの貧者のように極端に走り、正統な教えを否定し、教会と袂を分かつものも現れるようになった。また、ベギネンのように、教会から認知されるまで、長い間教会当局から猜疑の目で見られなければならないものもあった。修道会として発展したもので、現存しているものとしては、プレモンストレ会がある。リヨンの貧者はその後ワルド派を設立し、現代でもワルド教会としてイタリア北部に現存し、イタリアにおけるプロテスタント教会であると自認している。

当時ヨーロッパでは、これらのキリスト教会内における運動とは異なる宗教思想が広まっていた。カタリ派である。この派の者たちも教会の刷新を求め、キリスト教を自認して、厳しい生活を送っていたが、教義的にはキリスト教とまったく異質のものであった。カタリ派は、イタリアではパタリーニ派、フランスではアルビジョワ派、東ヨーロッパではボゴミル派、北ヨーロッパではブルガリア派と呼ばれた。西ヨーロッパでは、特に北イタリア、マルケ地方、南フランスのプロヴァンス地方で強い力を持っていた。教会は、南フランスで猛威を振るっていたカタリ派を撲滅するために、十字軍を送るという愚を犯している。カタリ派については後に詳述する。

宗教運動の中の正統でないグループやカタリ派の異端とは別に、ヨアキム主義[*2]と呼ばれる教会に関する教えが、カトリック教会にとって新たな脅威になっていた。独立した宗派を形成したのではなく、この教えの創始者の思想の信奉者がいたということで、ヨアキム主義と呼んでよいであろう。

創始者であるフィオーレのヨアキム（一一三〇〜一二〇二）は、キリスト教の救いの歴史を、キリスト教の神に関する根本的教義である三位一体とのかかわりの中で、旧約の教会すなわち三位一体の第一位である父の教会、新約の教会すなわち第二位である子（イエス＝キリスト）の教会、霊の教会すなわち第三位である聖霊の教会という、三つの時代に分けた。そして、やがて新約の教会（これはヨアキム当時のカトリック教会をさす）は終わり、霊的教会である聖霊の教会が到来するであろうと説いた。

ヨアキムはベネディクト会の系譜を引くシトー会の元会員で、後にフィオレ修道会を創立した人である。清廉な修道者であったが、当時の教会の政治との結びつき、またカトリック教会とギリシア正教会との対立という現実に直面して、霊的教会という理論をもってキリスト教会を刷新しようと試みたのである。

『旧約聖書』は『新約聖書』によって完成され、この『新約聖書』におけるイエス＝キリストの教えと望みに基づいて教会が成立しており、それはこの宇宙が完成する終末の時まで続くというカトリック教会の教会論とヨアキムの教会論の間には大きな隔たりがあった。かれが展開した救いの歴史における三つの教会という理論は、教会についてのカトリック教会の教義を根底から覆す危険を伴っていた。

すでに述べたように、フランチェスコがとった伝道と民衆の教化の方法も、当時の宗教運動において行われていた巡回説教であった。かれは、労働して自らの生活の糧を得、町々や村々の辻に立って、人々に神の言葉を述べ伝え、回心を説いた。

フランチェスコの新しい生活を初期の頃には懐疑の目で見ていた人々も、その真摯な生き方を理解し、尊敬の目で眺めるようになる。このような生活が続く中、かれの周囲には、クインタヴァッレのベルナルド、ペトロ＝カタニ、エジディオのように、フランチェスコと志を同じくして生きようと目指す人々が集まるようになる。かれらは職人、商人、農民、貴族、学者、騎士、聖職者というように、社会の様々な階層に属していた。この集まりの生活規範はイエス＝キリストの福音の教えそのものであり、出身階級や教育程度が異なっていても、すべての者が平等な条件のもとに受け入れられ、同じ権利と義務を持っていた。フランチェスコは生活の中における福音の教えの復権を目指したのである。

キリストが弟子たちを二人ずつ伝道に遣わしたように（「マルコ福音書」第六章）、フランチェスコと弟子たちは、二人一組になって町や村を巡り、人々に人間のあるべき姿に帰り、平和のうちに生きることを勧める。生活の糧は、伝道の合間に行う自らの労働と托鉢に頼った。このような生き方は、当時の聖職者が教会禄という教会に付随する財産で、また修道者の大部分が所有する土地からの収入で生活していた生活様式とは著しく異なっていた。労働の報酬として生活に必要なものを受けたが、金銭は受け取らなかった。労働の報酬が得られない時には、托鉢を行った。このような生き方は、その後この集まりが「小さき兄弟会」というカトリック教会内の正規の修道会として発展した後も続いていく。

世界史的な出会い

弟子の数が一一人になった時、フランチェスコはかれらを引き連れてローマへ赴く。ローマ教皇に会って、集まりを正規の修道会として認めてもらい、短い規則の認可を得るためであった。当時の教皇はインノケンティウス三世であった。この教皇の時にカトリック教会の政治権力は頂点に達する。三六歳で教皇となったインノケンティウスは優れた政治家であったが、それ以上に深い霊性と強い信念を持つ宗教家であった。かれは教会の刷新を目指し、信徒、修道者および聖職者の精神生活を向上させるために尽力していた。貧しいなりをした一二人は、ローマのラテラノ宮殿に教皇インノケンティウスを訪ねた。当時教皇はラテラノ宮に居住していたのである。

ローマへの旅

ラテラノ宮殿は、ローマ教区の司教座聖堂（カテドラル）であるラテラノ大聖堂に付随し、ローマの司教である教皇は、代々ここに住み、執務していた。その後、教皇はヴァティカン宮殿に居住するようになったが、クィリナーレ宮殿も夏の離宮として用いられた。一九世紀半ばのサヴォィア王家によるイタリア統一後は、教皇領とともにクィリナーレ宮殿も没収された。

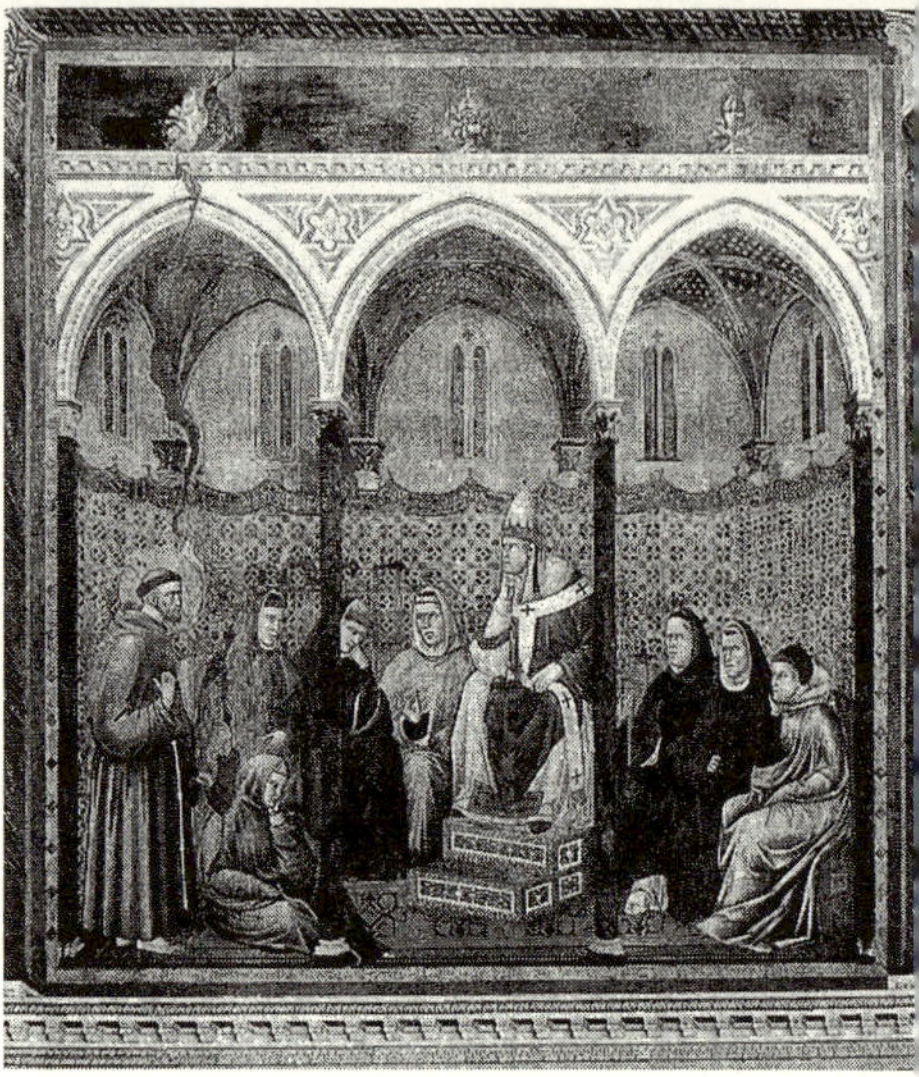

インノケンティウス３世の前で話すフランチェスコ　ジョット一筆

教皇インノケンティウス三世は、教会刷新に心血を注ぐと共に、神聖ローマ帝国の政治にも深いかかわりを持ち、多忙を極めていた。教皇に会いたいというフランチェスコの願いは拒否された。当時、ヨーロッパには種々の宗教刷新運動が起こり、各グループとも清貧を強調して、各地を巡っていた。その中には、うさん臭いものもあった。フランチェスコとその一行もその類の集団と見られたのであろう。教皇インノケンティウス三世の側近たちは、政治、外交にかかわる対外的な問題や教会の内的問題の処理で多忙を極めていた教皇には得体の知れない若者たちのために時間を割く余裕はないと判断したのであろう。

　しかし、フランチェスコは様々なつてを頼って教皇の前に出ることができた。かれは修道会の創立の許可を願い、短い会則の認可を求めた。教皇はその目指している清貧の生活があまりに厳しいことを指摘して、並みの生活をするように勧めたようである。次のエピソードは、教皇庁の人々がフランチェスコとその一行を最初どのような態度で迎えたかを示唆している（Leonard Lemmens, Testimonia Minora, Quaracchi, 1926, 二九ページ)。このエピソードはフランチェスコの姿や身なり、ユーモアのある態度を伝えていて、興味深い。

豚小屋のエピソード

教皇は、貧相な顔つきのフランチェスコが不恰好な服装をし、無精ひげを生やし、髪はぼさぼさで、その眉は垂れていて、黒いのを見て、しかも目指している生活は厳しすぎて、実行はとうていおぼつかないと思い、軽蔑のまなざしで言ったという。「兄弟よ、豚のところに行きなさい。それが似合っているよ。糞尿の中で豚どもと付き合い、君が書いた会則を与えて、かれらに説教しなさい。」

フランチェスコは頭を垂れて出て行き、豚小屋に入って、豚と戯れ、体も着物も、足から頭まですっかり汚物まみれになった。それから、教皇の前に出て、言った。「教皇様、仰いましたようにいたしました。どうぞ、私の願いを聞いてください。」これを見た教皇は、フランチェスコを軽蔑したことを後悔し、かれの願いを聞き入れ、祝福を与えて去らせたという。

このエピソードは、その歴史的な真偽の程はわからないが、土地も家もその他の何物も持たず、いかなる保証もなく、厳しい貧しさの中で、謙虚に生きるというフランチェスコの発想が教皇庁の人々には実行不可能なものと映ったことを物語っている。事実、教皇の側近の枢機卿たちはフランチェスコと弟子たちの生き方に反対した。

伝記は、枢機卿の中にはフランチェスコが目指している生き方は人間の力を超えるものであるという意見を持つ者がいたが、サビナの司教であったジョヴァンニ枢機卿は、イエス＝キリストの福音どおりに生きたいと願うこの若者の願いを新奇で、現実にそぐわず、理性的でないと考えるなら、それは福音を説いた方（イエス＝キリスト）を冒瀆するものである、と言って、皆を説得し、教皇も納得したと伝えている（『大伝記』第一部第三章九番）。

フランチェスコが教皇インノケンティウス三世に会って話したのは一度ではなかった。かれはアッシジの司教や有力な枢機卿のとりなしで教皇に会い、自らが目指すものを説明し、そのように生きる許可を求めた。教皇は、キリストの教えを文字通りに生きようとするこのフランチェスコの真剣な態度とその真摯な生き方に心を打たれた。フランチェスコに、修道会の創立の許可と「原始会則」と呼ばれる会則の認可を与え、かれとその弟子たちを正規の修道者として認定し、会員の数が増えた時にはもう一度来るようにと言って、一行を去らせた。

こうして、「小さき兄弟会」が誕生する。小さき兄弟会の中では、歴史と共に幾分様相の異なるいくつかの生活様式と活動形態が生じ、これに伴って、一六世紀から一七世紀にかけて、フランシスコ会、コンベンツアル－フランシスコ会、カプチン－フランシスコ会に分かれた。三つの修道家族の会員は、共にフランチェスコを創立者と仰ぎ、細かい生活様式は異なるが、同じ会則と霊性に基づいて生きている。

砂漠の麗人

伝記は、フランチェスコが教皇の前で語ったという、王と貧しくとも、美しい女性の話を伝えている（『第二伝記』一六番、一七番、『大伝記』第一部第三章一〇番）。女性は砂漠に住んでいたが、その国の王が彼女の美しさに魅せられ、妻に娶った。結婚後も、彼女は王宮には住まず、砂漠に留まっていた。彼女には立派な子供たちが生まれた。かれらが成長した時、母は子供たちにかれらが国王の子供であることを告げ、王宮に行くようにと言った。かれらが父王の宮殿に行くと、すぐに王はかれらが自分と砂漠にいる妻の間に生まれた子供であることに気づき、王宮に引き取って養育することにした。

フランチェスコはこの話を終えてから、王は神のことであり、貧しい女性とは自分自身であり、子供たちとはかれのように生きようとする人々であると説明する。この話はフランチェスコの神に対する絶対の信頼を示し、神はご自分に信頼して、貧しく謙虚に生きる人々をご自分のもとに導いてくれるというかれの信念を物語っている。この物語の中には、詩人としてのフランチェスコの姿が躍如として現れている。

この話と共に、教皇インノケンティウス三世が見たという夢のことも伝えられている。フランチェスコが教皇のもとに赴いて、自らが目指している「キリストの福音を文字通りに生きる」ということを説明していた頃のことである。夢の中で、ラテラノ大聖堂が今にも倒れそうになる。すると、背の低い、いかにも貧相に見える修道士が現れて、肩で聖堂が倒れないように支えたのである（『第二伝記』一七番、『大伝記』第一部第三章一〇番）。教皇は、フランチェスコこそ夢に現れたあの貧相な修道士であると確信し、その願いに応じたという。この逸話はドミニコの伝記にも見られるという。ドミニコ＝グスマン（一一七〇～一二二一）はスペイン人の司祭で、南フランスのカタリ派（アルビジョワ派）の人々をカトリック教会へ呼び戻すために活動していたが、後に説教者修道会（ドミニコ会）を創立した。フランチェスコとは友人であった。

教皇は詩情豊かに語るこの修道士の中に、神と人々への奉仕に生きるために自らを完全に捨てようとしている真心を見た。教皇が見た夢とは、かれがフランチェスコの中に教会の真の刷新者の姿を見出したことを物語るものであろう。事実、かれの生き方と始めた運動は、教会の刷新と改革の原動力となるのである。フランチェスコと教皇インノケンティウス三世との出会いは、「起伏に乏しくない西洋の歴史にあっても数少ない、世界史的な出会い」（堀米庸三著『正統と異端』一九六四）になるのである。事実、この出会いは世界の歴史において大きな影響を与えることになる。フランチェスコの精神で生きようとする人は絶えることがなく、かれの人間に対する愛情、自然への共感、無私に徹する姿、対話の態度、平和への願望は、八〇〇年を越えた現代でも世界の人々に影響を与えている。

「小さき者」と清貧

リヴォトルトからポルチウンクラへ　修道会創立の許可と会則の認可を得ると、フランチェスコとその一行は再びアッシジに帰ってくる。かれらは、アッシジ郊外のリヴォトルトと呼ばれる場所に住むことになる。ここは、ローマへ行く前に住んでいたところである。荒れ果てた小屋がかれらの住家である。農夫が休憩をとり、また農耕用の家畜や道具を入れるためのものであった。一説には、この土地は父ピエトロの所有であったものと言われているが、定かではない。

小屋は狭く、一二人が手足を伸ばすこともできないほどであった。そこで、各自が座ったり眠ったりするために、フランチェスコは小屋の貧弱な梁《はり》に一二人の名前を書いて、混乱が起こらないようにした。そこに住むことにしたが、かれらは小屋を自分たちのものとは露ほども思っていなかった。かれらは何も持たないという信念に生きていたのである。

一二人の修道士たちは、ここで祈り、ここを拠点にして各地を巡って神の言葉を述べ伝えた。祈りと伝道の間を縫って労働し、生活の糧を稼いだ。報酬が得られない時には、前述したように、托鉢をして糊口を凌いだ。フランチェスコは、托鉢することを「主（イエス＝キリスト）の食卓に頼

天使の聖母（ポルチウンクラ）大聖堂

る」ことであると述べている（『遺言』二二）。托鉢は、労働の糧が得られない時の手段である。

リヴォトルトはつかの間の住家である。ある日一人の農夫が驢馬《ろば》を連れてやってきて、フランチェスコと弟子たちを追い出し、それを小屋に入れた。かれらは出て行くことになった。そこで、ポルチウンクラとも呼ばれる天使の聖母教会に行き、そのそばに住むことになる。この教会は、フランチェスコが修復した教会の一つで、かれはこのポルチウンクラで生涯を終えている。現在では、大きな修道院と大聖堂があり、フランチェスコが修築した小さな教会は大聖堂の中に保存されている。

フランチェスコは、この教会の所有者であるベネディクト会の修道院に願って、教会を使う許可を取り、その周辺に小屋を建てて住まわせてもらうことにした。ベネディクト会の修道者たちは快く教会と土地を提供してくれた。フランチェスコは、この教会と土地は使わせてもらっていて、自分たちのものでないことを示し、思い出すために、一年に一度近くの川で魚を獲り、修道院に届けることにした。この時から、フランチェスコと弟子たちはここに住むようになり、ここから伝道のために出かけていった。やがて、各地に小さき兄弟たちの住処と活動の場所が生まれるが、ポルチウンクラは常にかれらの精神的な中心であった。

神の謙り

フランチェスコと弟子たちは、謙虚に、貧しく、兄弟として生き、神と人々に奉仕することを生活信条としていた。かれの言葉には「小さき者」（正確には「より小さき者」）という表現が頻繁に現れる。ラテン語ではミノーレス（Minores）と言われる。かれが創立した修道会の名前は「小さき兄弟会」（Ordo Fratrum Minorum）である。小さき者とは謙虚に生きる者を意味している。かれのこのような考えと生き方の源は、「神の謙り《へりくだ》」という秘義である。

フランチェスコは、信仰に目覚めた時以来、神の謙りを心に深く感じていた。キリスト教の信仰によれば、神は人間を救うために自ら人間となった。人間となった神とは、イエス＝キリストのことである。この秘義は、カトリック教会の神学用語では「受肉」と言われる。人となった神は、自らの生命を十字架の上で生贄《いけにえ》として捧げた。無限の神が有限の人間になることに、フランチェスコは神の謙りを見たのである。かれは、この神の謙りにならって、自らも謙虚に生きることを目指した。これが、人間を救うために自ら人間となった神の慈しみに対するフランチェスコの応答だったのである。

フランチェスコが生きた中世期は厳しい身分制度の社会である。社会はマヨーレスと呼ばれる上層階級とミノーレスと呼ばれる庶民階級に分かれていたことは前述した。この二つの階級の間に、経済活動による富の蓄積によって政治的な力をつけつつあった新興の裕福な商人階級が台頭していた。フランチェスコは、この新興階級に属していた。

青年時代かれは、騎士に取り立てられ、やがては爵位を受けることを夢見ているが、これは生粋の貴族階級と新興の商人階級の間に大きな隔たりがあったことを物語るものである。教会においても、身分制度は例外ではなく、指導的な立場の高位聖職者や大修道院長は貴族出身というのが一般的であった。

古代の修道形態の伝統を持つベネディクト会、シトー会、トラピスト会などでは、各修道院がそれぞれ独立する修道院制度をとって、修道会としては緩やかな連合を形成し、修道院長はアッバス（大修道院長）と呼ばれ、司教に準ずる権限を持っている。中世期には一地方の領主のような存在にもなることがあった。これに対して、一三世紀に成立する小さき兄弟会、「説教者修道会」と呼ばれるドミニコ会、カルメル会、アウグスティノ会などのいわゆる「托鉢修道会」は、修道会、管区、修道院というようにピラミッド型に組織化され、それぞれ総長、管区長、修道院長によって統治されている。

身分制度の厳しい社会制度の中で、フランチェスコは社会の底辺にいる人々のように、またかれらへの連帯感を持って生きるために、庶民階級を示す「小さき者」という名称を、自分と弟子たちの呼び名としたのである。名前は当時の社会における階層を指す名称を取り入れたが、その根本精神は、神の謙りに基づいていた。

貧しい者とともに

フランチェスコは、家族のもとを出て、貧しい人々や病気に苦しむ人々に奉仕し、かれらとともに生きるという体験を通して、社会の実態を知ることができた。かれは、このような貧しい者、誰からも評価されず、社会の片隅に生きる人々のために生きるだけではなく、かれらとともに、またかれらのように生きることを願った。次のように述べている。「卑しくて見捨てられている人々の間や、貧しくて体の不自由な人々、病人、ハンセン病患者、道端で物乞いする人々の間に生活する時、喜ぶべきである。」(『勅書によって裁可されていない会則』第九章二)

このような理念から、フランチェスコは自らと自らに従って生きる者を、前述したように小さき者と呼び、自分たちの集まりを小さき兄弟会と名づけたのである。これは、かれと弟子たちが当時の社会における上層階級であるマヨーレスのようにではなく、謙虚に生きる人間であることを表したものであろう。

『三人の同志の伝記』は、フランチェスコとその同志たちが自分たちのことを「アッシジ出身の償いを行う者」(viri poenitentiales de civitate Assisii oriundi) と呼んだと述べている(三七番)。プレモンストレ修道会の編年記者ウルスペルグのブルカルドゥスは、かれらが「小さき貧者」(Pauperes Minores) と呼ばれていたと伝えている(Testimonia Minora, Quaracchi, p. 17-18)。当時、上記のように呼ばれていたこともあったと考えられる。

フランチェスコが自分たちを小さき者と呼んだのは、当時の庶民階級を指す呼び名を使うことによって上層階級と教会の上層部に対する無言の抵抗からであったと考える者もいる。かれの書き物や伝記類に伝えられている言葉を読む限り、このような考えは当を得ていない。むしろ、人間を救うために人となった神の貧しさと謙りに倣い、また貧しい人々、虐げられた人々の中にキリストを見るという信念のもとに、かれはこのような呼び名を選んだのである。当時の社会体制の中で用いられていた小さき者という言葉を使ってはいるが、その動機は革命的なものではなく、純粋に宗教的なものであった。

フランチェスコの生き方が当時の社会や宗教界を改革する原動力になったことは確かである。だが、かれは何かを改革しようという意識は持っていなかった。貧しく、謙って生きたイエス＝キリストのように生き、考え、望み、行動しようとしただけである。こうして、意識することなく、改革者となったのである。

小さき者として謙虚に生きる時、そこに真の幸せがあると、フランチェスコは考える。かれは次のように述べている。「人々から賞賛され、称揚された時に、無価値で、愚直で、軽んずべき者とみなされる時と同じように、自分をすぐれた者と考えない僕《しもべ》は幸いです。なぜなら、人々は神のみ前にあるだけの者であって、それ以上の何ものでもないからです」（『訓戒』一九、一―二）。この言葉は、宗教的境地における幸福とは何かを語ると共に、人間の人格的成熟についての貴重な示唆を与える言葉である。

貧しいキリスト

新しい生活を始めた当初から、フランチェスコは厳しい貧しさ、すなわち「何も自分のものにしない」ことを選び取った。このため、かれは清貧の中に生きた人として知られている。貧しさの追求も、小さき者として生きるということと共に、イエス＝キリストとその教えに従うというかれの信念に基づいている。

かれは、「何も自分のものにしない」（sine proprio）という表現を、書き物の中で三回（『訓戒』一一『勅書によって裁可された会則』第一章、『勅書によって裁可されていない会則』第一章）用いているが、この言葉を、物質的な貧しさだけでなく、「霊における貧しさ」（マタイ福音書五章三節）もしくは無心の心、謙虚さを示すものとして使っている。

　フランチェスコが新しい生活を始めるきっかけとなったものとして知られているものに、心の奥底でいく度か聞いた声、ハンセン病患者との出会い、サン‐ダミアノ教会で十字架から語りかけた声がある。中でも、十字架からの声はフランチェスコの心の中で強く響いた。この時以来、かれの心には十字架のキリストが刻み付けられ、ひと時も忘れることはないのである。

　ボナヴェントゥラは、フランチェスコの十字架への思いを次のように述べている。「かれにとって、この世の楽しみは、十字架であった。なぜなら、キリストの十字架がその心の中に根ざしていたからである。このように十字架がその心の中に深く根をおろしていたので、外なるかれの肉体の上にも聖痕が輝き出たのである」（『第二伝記』二一一番）。後述するように、フランチェスコは、死去する二年前の一二二四年に、イエス＝キリストの五つの傷（聖痕）をその身に受けるという恩恵に浴している。

　イエス＝キリストの十字架へのフランチェスコの熱い思いを伝えるボナヴェントゥラ（ジョヴァンニ＝ディ＝フィダンツァ）は一二二一年頃、バニョレジョ（現在のラチオ州にある）に生まれた。父は医者であった。かれ自身の証言によると（『小伝記』第七章八番）、幼少の頃病気に罹った時、母がフランチェスコへの取り次ぎを願って癒された。勉学のためにパリに遊学したが、そこで一二四三年、「小さき兄弟会」に入った。パリ大学で教鞭をとり、一二五七年に教授となったが、同年

「小さき兄弟会」の総長（一二五七〜七四）に選ばれた。

その後、総長在職中の一二七四年に司教、枢機卿となり、カトリック教会とギリシア正教会という東西のキリスト教会の統一を目指した第二リヨン公会議（一二七四）で、両教会の再合同のために指導的役割を果たしたが、公会議出席中の一二七四年七月一五日にフランスのリヨンで死去した。ドミニコ会のトマス＝アクィナスとは友人の間柄であると共に、学問上の良きライバルでもあった。数多くの神学上の著作がある。特に、神秘神学上の優れた著作として、『三様の道』と『神への魂の旅路』がある。フランチェスコの生涯については、『アシジの聖フランシスコ大伝記』と『アシジの聖フランシスコ小伝記』を書いている。

イエス＝キリストを、フランチェスコは貧しいキリストとして捉える。神が人間となるという秘義、人となった神イエス＝キリストが人間の救いのために十字架の死を体験するという秘義に出会って、かれはイエス＝キリストの人間という側面に注目する。キリスト教の初期から中世までは、イエス＝キリストは人間という側面よりも、神という側面から捉えられる傾向が強かった。このような伝統に対して、フランチェスコは人間としての側面により深く注目するのである。このことは、フランチェスコの自然や人間に対する見方や態度を決定づける。

神が人間となり、十字架の上で人間のために自らの命を奉献したということに、フランチェスコは神の貧しさを見るのである。十字架の上で、イエス＝キリストは文字通り、裸で死んでいった。

フランチェスコもこのように貧しく生き、そして死のうと願ったのである。後述するように、かれは、粗末な下着姿で、地面に横たわって死を迎えるのである。このようなかれの姿勢を、ボナヴェントゥラは「いと高き王の僕《しもべ》は、裸で十字架につけられた、愛する主に裸で従うために、裸となった」（『大伝記』第一部第一章四番）と述べている。

所有欲からの解放

フランチェスコは徹底的に貧しく生きようとした。これは、かれが当時のカタリ派の人々のように物質を悪と考えたからではなかった。カタリ派は中世ヨーロッパで大きな力を持っていた思想である。[*3]

カタリ派は、一一世紀から一二世紀に、東ヨーロッパから西欧に伝わったもので、ブルガリアが発祥の地と言われる。カタリ派の語源については、その名称は一般に「清い」を意味するギリシア語のカタロス（katharos）に由来するとされている。『異端カタリ派の研究』の著者である渡邊昌美氏は、アラン＝ド＝リールのカタリ派語源説を紹介している。これによると、カタリとは第一に「諸悪を流す者」を指し、「流出」を意味する「カタ」に由来する。第二に、「貞潔者」（casti）を意味する。第三に、猫を意味するカットゥス（cattus）に由来する。なぜなら、堕落天使ルチフェルは猫の姿で現れるからである。

この派の人々は、古代ペルシアのマニ教のように、極端な二元論の立場に立ち、すべてを善と悪との対比の中で捉えた。カタリ派の思想は神話じみており、論理的一貫性を欠き、また分派によって相違が見られるので、統一的な教義について述べるのは困難であるが、おおよそ次のようなものであった。

この宇宙にあるものは、すべて善と悪に分けられる。善である神とこれに対立する悪である神（サタン）が存在する。悪神は堕落した天使であり、それは本来キリストとは兄弟である。目に見えないものは善であり、目に見えるものは悪である。悪である物質を創造したのは、悪神である。したがって、『旧約聖書』の神は悪神である。

人間のそのものについては、プラトン主義から借用した二元論的な思想を持っていた。人間の霊魂は、霊的な存在として、以前観念（イデア）の世界に住んでいたが、悪を行ったために、懲罰のために牢獄としての肉体の中に閉じ込められたというのである。

物質そのものが悪であるので、カトリック教会で行われる秘蹟は悪である。なぜなら、目に見えない神的なもの、すなわち神の恩恵が、目に見える物質を通して与えられ、表されているとされるからである。特に聖体祭儀（ミサ）は最悪の行為である。なぜなら、この祭儀の中では、パンと葡萄酒がキリストの体と血に変化すると信じられているが、それは悪である物質と神的なものを接触させようとする最も邪悪な行為だからである。

聖体祭儀と共に、結婚もきわめて醜悪なものである。なぜなら、物質（肉体）を生み出す行為もまた悪であり、結婚は生殖行為を正当化しているからである。生殖行為は悪であるので、その結果生じたものを食べることも悪である。したがって、動物の肉を食するのは悪である。魚を食べるのは悪ではない。なぜなら、魚は生殖行為によって繁殖するのではなく、自然発生するからである。カタリ派の信者の家には、魚の印や絵が描かれていたと言われる。

物質を悪と決め付けていたために、可能な限り物を使おうとしなかった。また物に触る手仕事を避け、食物をとることさえ極度に控えた。この派の教師の中には、食を断って餓死する者もいた。そのため、熱心な信者、特に教師たちが、断食のためにやせ衰えていたために、民衆の目には聖なる苦行者として映り、「善良なキリスト教徒」と呼ばれていた。

このように、物質を悪と考えていたので、かれらも極めて貧しく生きていたが、その根拠は、フランチェスコの貧しさを選び取った理由とはまったく異なっていた。かれらは、物質特に肉体からの魂の解放を求めていたのである。カタリ派にとって、救いとは物質からの解放であった。

フランチェスコは、神の恩恵の助けのもとに、自らを自我と我欲から解放しようとした。それが、キリストに従う道であると考えたからである。かれにとってキリスト随順がすべてである。

かれが弟子たちに馬に乗ることを禁じている言葉がある（『勅書によって裁可された会則』第三章、『勅書によって裁可されていない会則』第一五章）。この禁令は、当時はマヨーレスである上層階級の者だけが馬を使い、庶民は驢馬《ろば》に乗っていたので、「馬に乗らない」ことによって、自分たちがマヨーレスではなく、ミノーレスであることを明らかにするためのものであった。これは、聖書にキリストがエルサレム入城の際に驢馬に乗ったと書かれているが（「マタイ福音書」二一章、「マルコ福音書」一一章、「ルカ福音書」一九章、「ヨハネ福音書」一二章）、馬に乗ったとは書かれていないことに示唆を得たものと思われる。ここには、徹頭徹尾キリストに随順するというフランチェスコの姿勢が見られる。

人間は物を持ちたいという願望、支配し、権力の座につきたいという願望、有名になり、賞賛されたいという願望を持っている。これらの願望は所有するという欲望に他ならない。フランチェスコは、物を持つことを放棄することによって、すべての所有欲から自らを解放しようとした。物に対する所有欲は、心の中にある「持ちたい」という欲望が外に現れたものだからである。

かれは、物への執着は平和を破壊すると考える。多くを持てば、それを守るために武器が必要になる。所有物をめぐっていさかいが起こると、武器をとっての流血の戦いとなる。かれは次のように述べている。「兄弟たちは、隠遁所やその他の所のどこにいても、いかなる所も自分のものとしないよう、またそれについて、だれとも争わないように注意しなければならない」（『勅書によって裁可されていない会則』第七章）。平和をこよなく大切にしたフランチェスコは、平和の実現のためにも、貧しさを選び取ったのである。人間の間の衝突から始まって世界規模の戦争に至るまで、その原因は持ちたい、支配したい、称賛されたいというような欲望の集約にあることを考える時、か

夕日の聖母　聖母マリアと幼子イエス、左はフランチェスコ、右は使徒ヨハネ。ロレンツェッティ筆

れの人間に対する洞察がどのように深いものであったかが推察できる。

霊における貧しさ

フランチェスコにとって貧しさは「何も自分のものとしない」ことであるが、貧しさは物における貧しさに留まらない。むしろ「霊における貧しさ」あるいは「心の貧しさ」こそ「物における貧しさ」よりも大きな意味を持っている。「霊における貧しさ」というキリスト教特有の概念は、精神的貧困を意味しているのではない。それは謙虚な心、無私の心を意味している。あるいは、自我を追求してやまない自己からの脱却または自己解放であるということができる。

聖書に、「心の貧しい人々は、幸いである、天の国はその人たちのものである」(「マタイ福音書」五章三節)というイエス＝キリストの言葉がある。この言葉にあるように、人間は自分の未熟さ、足りなさ、傲慢、思いあがった心を認識し、謙虚にそれを認める時、真の幸福を得るのである。フランチェスコは、自らが神の前でどのように「貧しい者」であるかを知っていた。かれは常に、この思いを深めることを求めていた。ここに、かれの清貧の追求がある。この霊における貧しさは、フランチェスコが追い求めた小さき者としての生き方でもある。

かれは弟子たちに、貧しい者になるためには、時には学問の道さえ捨てなければならないと語っている（『第二伝記』一九四）。学問もしばしば「自分のもの」、言いかえれば、名声欲や支配欲のような自我追求の手段になり得るからである。すでに小さき兄弟会には多くの知識階級の者が入会し、また教皇庁の政策によって学問が奨励され、多くの若い会員が神学を勉強するようになっていた。このような状況の中で、ともすれば勉学を名声や地位を得るための手段と考える不純分子もいたのである。

学問を悪、無駄なものと考えていたわけではない。むしろそれを大事なものと認めている。フランチェスコは遺言の中で、学者を「霊と命を与える者」として尊敬するよう諭している（『遺言』）。パドヴァのアントニオに宛てた手紙の中では、学問が「祈りと献身の精神に反しないかぎり」、それを会員に教授するよう指示している（『聖アントニオへの手紙』）。

アントニオはポルトガルのリスボンに生まれ、聖アウグスティノ祭式者会の修道者となったが、モロッコで殉教した五人の小さき兄弟会員の遺体がコインブラに運ばれてきた時、感動を受け小さき兄弟会に入会した。後に北アフリカ伝道を目指したが、乗船した船が難破して、イタリアに漂着した。北イタリアに派遣され、説教者および神学者として活動した。遺骸はパドヴァの聖アントニオ大聖堂に納められている。パドヴァの聖アントニオとして知られている。

手紙の中で、フランチェスコは学徳優れたこの弟子に、尊敬をこめて「私の司教である兄弟アントニオ」と呼びかけている。司教でなかったアントニオをこのように呼んだことは、フランチェスコの学問への尊敬心を示すものであると言えよう。

さらにフランチェスコは、与えられた職責や地位、仕事に執着して「自分のもの」にしないよう戒めて、次のように述べている。「他の人々の上に立てられた者は、兄弟の足を洗う務めに任命されたのと同じ程度に、自分の職務を誇るべきです。目上の務めが取り上げられた時、足を洗う務めを失ったこと以上に心を乱せば乱すほど、ますます大きい「金入れ」（「ヨハネ福音書」一二章六節）を自分のために準備しており、魂を危険にさらします」（『訓戒』四）。

このように、フランチェスコによれば、何かを自分のものにすることは清貧の精神に反するのである。「金入れ」についての言及は、イエス＝キリストの弟子たちの財布を預かっていて、その中身をごまかし、自らの師であるキリストを銀貨三〇枚で反対者に売り渡し、ついには首をくくって死んだ弟子の一人イスカリオテのユダの故事を指すものである。

物における貧しさ

物における貧しさに価値がないというのではない。物における貧しさは、霊における貧しさ、小さき者として生きること、自己追求的自己からの離脱の具体的実現であるとともに、そこに至るための方法でもある。裕福な商人の長男として生まれ、贅沢な生活をし、友人たちとの交友のために父親の金を湯水のように使ったことのあるフランチェスコは、金銭や財産が人間の心を驕《おご》り高ぶらせることを、体験から知っていた。人間は物質的に豊かになれば、自分があたかもひとかどの人物になったかのような錯覚に陥る。金を持ち、それを惜しみなく使う者のところには、多くの人が集まってくる。これらの人々を真の友人と考え、自分の人格や人柄がかれらを惹きつけていると思い込んでしまうことがある。自らの虚像を刻むのである。

たとえ物において貧しくても、また厳しい修行を行っていても、心の奥に傲慢が潜み、些細なことで怒り、他者を受け入れることができないとすれば、霊において貧しいとは言えないのである。フランチェスコは『訓戒』の中で、次のように述べている。「祈りや信心業に励み、自分の体に厳しい断食や苦業を課しながら、自分の体への侮辱だと思われるただひと言のために、あるいは、自分から取り上げられた些細なもののために、つまずいて、すぐに心を乱してしまう人が大勢います。こういう人は心が貧しくありません」(『訓戒』一四)。フランチェスコの書き物には「自分の体」という表現が一一回出てくるが、これはしばしば自我を追求する自己を意味している。フランチェスコはこのように、貧しさを物の領域においてだけではなく、心にかかわる事柄として捉える。心の貧しさこそ、物における貧しさよりも大切なのである。したがってかれは、自らのあるがままの姿をあるがままに認め、誇らず、高ぶらず、謙虚な心で生きるために、言い換えれば、霊的に貧しくなるために、物質的に貧しくなろうとしたのである。

かれは、自らも托鉢を行い、弟子たちにもそれを行うように諭して、次のように述べている。「信頼をもって施しを求め、これを恥じてはならない」（『勅書によって裁可された会則』第六章）。「必要なら、施しを乞いに出なければならない」（『勅書によって裁可されていない会則』第九章）。フランチェスコは、托鉢を労働の報酬が得られない時の手段であると考えると共に、これらの言葉の前後関係からわかるように、謙虚な生き方に至る方法であると考えている。前にも述べたように、かれにとって貧しく生きることは、小さき者として生きること、すなわち謙虚に生きることだったのである。

貴婦人清貧とは

フランチェスコは貧しさを自分の心の配偶者と見ていたという見方がある。これは「フランチェスコと貴婦人清貧との結婚」という比喩的表現で知られている。果たしてこれはかれが持っていた考えであろうか。フランチェスコ自身の書き物を綿密に調べてみる時、かれが清貧を自らの心の配偶者と見ていたという形跡はない。むしろ、清貧はかれをキリストへ導くものとして考えられている。

この清貧配偶者思想はチェラノのトマスが一二四六年に書いた『第二伝記』に初めて登場する（『第二伝記』五五番）。一二二八年に書かれたチェラノのトマスの『第一伝記』を含め、一二四六年以前にフランチェスコについて書かれた文書には見られないものである。

フランチェスコの死後間もなく、一二三七年から一二三九年の間に、『聖フランシスコと貴婦人清貧との聖なる契約』（Sacrum commercium beati Francisci cum Domina Paupertate）という本が書かれている。著者名はわかっていない。この本は、しばしば誤って「聖フランシスコと貴婦人清貧との神秘的結婚」と訳されてきたが、内容的にはそのようなものではない。むしろ、そこには『旧約聖書』の中にある契約思想と中世期の騎士道的な発想が見られる。Commerciumというラテン語は商業における取引を意味する言葉である。

清貧を「神秘的な配偶者」とみなす考えはフランチェスコの中にあったものではない。チェラノのトマスが当時盛んであった神秘的結婚思想に影響されて、フランチェスコの貧しさとのかかわりを、あたかもフランチェスコが貧しさを心の配偶者と考えていたかのように表現したものであろう。ちなみに、アッシジの聖フランチェスコ大聖堂の下部聖堂の祭壇上の天井に描かれている「フランチェスコと貴婦人清貧の結婚」のモチーフは、チェラノのトマスの『第二伝記』に基づくものである。

フランチェスコは、清貧を擬人化して、貴婦人（ラテン語ではdomina）と呼んでいる（『諸徳への挨拶』、『シエナでなされた遺言』）。そこには、中世ヨーロッパで盛んであった騎士道の精神の影響が感じられる。騎士が一人の高貴な女性に献身を誓ったように、フランチェスコは清貧をキリストの配偶者、かれをキリストのもとへ導く者とみなし、貴婦人清貧に深い尊敬と忠誠を示すのである。

騎士道には高尚な騎士道と通俗的な騎士道があった。前者においては、騎士が尊敬と忠誠を示す女性は、主君の奥方または令嬢あるいは姉妹のような身分の高い貴婦人であって、恋愛や結婚の対象ではない。これに対して、後者では、憧れの女性は恋愛の対象である。騎士にとっては、主君の配偶者、娘または近親の女性に尊敬と忠誠を捧げることは、主君への忠誠と尊敬を意味していた。

フランチェスコが清貧と自らの関係を騎士道の精神から捉える時、それは高尚な騎士道であり、通俗的なものではなかった。かれは、キリストを主君、清貧を主君の配偶者、自らを清貧を通して主君キリストに忠誠を誓う騎士または僕《しもべ》とみなしている。したがって、かれにとって高貴な女性である清貧への忠誠と尊敬は、キリストへの忠誠と尊敬に他ならない。

生き方の柱

「兄弟として生きる」

フランチェスコの生き方を特徴づけるものに「兄弟として生きる」という考えがある。これは、かれが弟子たちと共に創立した修道会の名前が「小さき兄弟会」ということからも明らかである。人間は神の前においてすべて兄弟であるというのはイエス＝キリストの教えである。キリストは次のように述べている。「あなたがたは『先生』と呼ばれてはならない。あなたがたの師は一人だけで、あとは皆兄弟なのだ」（「マタイ」二三、八）。

かれがなぜ「兄弟として生きる」ことを格別大切にし、自分たちの生き方の大きな柱の一つにしたかを理解するためには、生きた時代の状況について知る必要がある。

すでに述べたように、中世ヨーロッパは厳しい身分制度の社会で、マヨーレスと呼ばれる上層階級とミノーレスと呼ばれる庶民階級に分かれていた。人は出身身分によってその将来が決まっていた。世界の一部では、現代でもこのような制度が残っている。このような身分制度は、教会においても例外ではなかった。前述したように、教会において高位聖職者や大修道院長になれるのは、上層階級の出身者に限られていた。

ビンゲンのヒルデガルド（一〇九八～一一七九）についての次の逸話はこれを物語っている。彼女は修道院を創設した女性で、しばしば神秘体験を持ち、いくつかの著書や三〇〇通を超える手紙を残している。また、自然科学、特に薬に関心を持ち、自然科学に関する著書もある。彼女については近年注目され始めている。

ヒルデガルドが修道院を始めた時、貴族出身の女性だけを受け入れた。なぜ庶民の女性にも修道院の門戸を開かないのかと尋ねられた時、彼女は次のように答えたという。「自分の家畜――つまり牛、ろば、羊、山羊を分けずに一つの群れとして一つの小屋に入れておく人がいるだろうか。（中略）何故なら主は天国と同じく地上の人々に区別をつけたからである」（カエタン＝エッサー著、伊能哲大訳『フランシスコ会の始まり』新世社　一九九三、第二章注五九）。この逸話の真偽の程はわからないが、当時の社会状況を示しているのは事実である。

フランチェスコは、人間はすべて兄弟であり、平等であるというイエス＝キリストの福音の教えが実践されていないことを感じていた。かれは、自分たちがすべて兄弟であることを確認し、深く意識することによって、福音の教えの実践の復興を目指した。こうして、互いに「兄弟として生きる」ことを求めたのである。

修道共同体の枠を超えて

フランチェスコは、兄弟として生きるという信念を自分たちの共同体の中だけに留めてはおかなかった。この信念は自分たちの共同体の外にまで及ばなければならないと考えた。次の言葉は、このことを示している。「そして友人または敵、盗人または強盗など、だれが兄弟たちのもとに来ても、あたたかく迎えねばならない」(『勅書によって裁可されていない会則』第七章)。

この言葉を文字通りに実行した逸話が残されている(『完全の鏡』六六、『小さき花』二六)。かれがある山の庵に住む弟子たちを訪ねた時のことである。かれらと話しているうちに、フランチェスコが訪れる少し前に山賊たちが庵に来て、食べ物を乞うたことを知った。そこにいた弟子の修道士の中には屈強な者もいたので、山賊を叱責して、追い返してしまった。

これを聞いたかれは、弟子たちのとった態度を戒め、食べ物と飲み物を用意させ、山賊の後を追った。追いつくと、弟子たちの取った態度について山賊たちに詫び、携えてきたものを差し出した。この逸話は、人間に対するフランチェスコの態度を垣間見させるものである。

かれはこのように、自らとその弟子たちのもとに来る者は誰でも兄弟として受け入れなければならないと考える。フランチェスコの考えによれば、自分たちのもとに来る者は誰でも、居心地の悪さや劣等感ではなく、そこが自分のいる場であると感じなければならないのである。

聖クララ会

貴族出身のクララ　フランチェスコが新しい生き方を始めて間もなく、一人の女性がフランチェスコと同じ生き方を行うようになる。アッシジの貴族オフレドゥッチ家出身のクララである。彼女は、一一九三年もしくは一一九四年に生まれているので、フランチェスコより一二歳または一三歳ほど若いことになる。

オフレドゥッチ家は由緒ある家柄で、祖先は遠くシャルル＝マーニュにまで遡ると伝えられている。彼女の頭髪が金髪であったことは、北方の血統にもつながっていたことを物語るものであろう。クララの父はファバローネ＝ディ＝オフレドゥッチという名前で、母親はオルトラーナである。クララは長女で、アグネス、ベアトリーチェとベレンダの三人の妹がいた。

一一九九年から一二〇〇年にかけて、アッシジでは市民共同体と封建貴族の間で抗争が起こり、争いに敗れた貴族たちは、アッシジ市と敵対していた隣接する都市ペルージアに亡命する。この時、幼女であったクララも家族や一族とともに亡命している。市民共同体と貴族の間で和解が成立した一二〇五年にはアッシジへ帰ったと思われる。やがて成人したクララはフランチェスコとかれの弟子たちの徹底的な生き方を知る。それはフランチェスコが教皇インノケンティウス三世から新しい生き方の許可と会則の認可を受けた一二一〇年頃と推測される。彼女は一二一二年に宗教生活に入っているからである。

彼女は、何不自由のない生活をしていた若者が、全てを捨てて宗教生活に入り、病人や貧しい人々に奉仕し、伝道に従事していることを耳にする。しばらくすると、教会でフランチェスコの話を聞く機会も訪れる。こうして、フランチェスコのことを見聞きするうちに、自らもそのような生活を行いたいと考える。やがて、従姉妹のパチフィカとともにフランチェスコを訪れて、その精神的な指導を仰ぐようになる。フランチェスコとクララの家柄の違いや年齢の差を考えると、それまでは面識がなかったと思われる。こうしてクララは、世俗を捨て、貧しく生きることを決意する。

クララ　シモーネ＝マルティーニ筆

「貧しき貴婦人の会」誕生

クララは、春まだ浅い三月のある夜、家人に知られることのないように、秘密裏に従姉妹のパチフィカとともに実家を後にする。カトリック教会でイエス＝キリストのエルサレム入城を記念する「枝の主日」と呼ばれる日曜日であった。復活祭の直前の日曜日である。城門を潜り抜け、フランチェスコと弟子たちがいるポルチウンクラへ赴いた。かれは二人の女性を天使の聖母聖堂と呼ばれる小さな礼拝堂に導き、彼女たちの髪を切り、粗末な服をまとわせた。そして直ちに、数キロメートル離れたバスティアにある女子ベネディクト会の修道院へ伴い、そこに住まわせてもらうことにした。

長女の出家を知ったオフレドゥッチ家の者は驚き、クララを取り戻そうと、修道院へやって来た。しかし、彼女は家族の者に、神と人々への奉仕に生きるという決心は決して翻さないことを告げ、髪を下ろした頭を見せて、決意の程を示した。オフレドゥッチ家では、将来才色兼備の長女に婿をとって、家を継がせようと考えていた。彼女には一族の将来がかかっていたのである。しかし、クララの毅然とした態度とその決意の前には引き下がるほかはなかった。

約一か月後には、妹のアグネスが、クララと同じように生きるために、彼女のもとへやって来た。彼女の家族は、クララの時と同じようにアグネスを連れ戻そうと試みたが、彼女の決意は固く、諦めるほかはなかった。フランチェスコは、三人の修道女を、自らが修理したサン＝ダミアノの教会の側にあった小さな家に伴った。こうして、現在では「聖クララ会」と呼ばれている「貧しき貴婦人の会」が誕生する。母のオルトラーナも、夫の死後、娘たちと同じようにサン＝ダミアノで修道生活に入っている。妹のアグネスは後年、新しい修道院を創設するために、フィレンツェへ派遣されている。

その後クララのもとには、フランチェスコの理念に基づいてクララのように生きようと願う女性

聖クララ教会

たちが集まってくる。中世においては、修道女は現在のように修道院の外での活動を行うことはなかった。クララと彼女の修道女たちも修道院にこもって祈禱と瞑想、労働に従事した。しかし、彼女たちは、このような生き方を通して、神と人々に奉仕しようと願ったのである。

「私の貴婦人」

フランチェスコは、クララと修道女たちに対して、神における畏敬と尊敬をもって接する。かれは、クララとサン・ダミアノの修道院の修道女たちに与えた書き物の中で、彼女たちを「私の貴婦人」と呼んでいる（『聖女クララに送った最後の望み』）。貴婦人は、原文のラテン語では、ドミナ（domina）という語である。これは、下位の者が身分の高い婦人に話しかける時の尊称であり、騎士たちは主君の夫人や娘をこの尊称で呼んでいた。

フランチェスコは、さまざまな徳を擬人化し、比喩的にキリストの配偶者にたとえて、それを「ドミナ」と呼んでいる

（『諸徳への挨拶』）。かれは、クララと修道女たちを主君であるキリストの配偶者と考えていたので、このように尊称をもって呼びかけ、尊敬を示している。ここにかれの騎士的精神が見られる。カトリック教会では、神に自らを奉献した女性、特に修道女を、比喩的に「キリストの配偶者」または「浄配」と呼ぶことがある。

ボナヴェントゥラは、クララを「フランチェスコに従った人々の中の最初の小さな若木、フランチェスコのキリストにおける娘」と呼んでいる（『大伝記』第一部第四章六番）。彼女こそ、フランチェスコの精神を最もよく体得した者であったからである。クララも、師のフランチェスコと同じように会則と遺言を書き、祝福の言葉と五通の手紙（プラハのアグネスへ四通、ブールジュのエルメントゥルーデへ一通）を残している。

クララには、フランチェスコも負うところが多い。ある時期かれは、隠遁所で静寂の中で瞑想に浸ることと活動に従事して人々の中に生きることと、どちらが自分の歩く道であるのか、という疑問を持ったことがある。この時、クララと自分の弟子のシルヴェストゥロに、神はどちらを望んでおられるかを教えてくれるように依頼する。二人は、瞑想と祈禱の末に、隠遁者としての快適さを捨て、人々の中で生きることこそ神がフランチェスコに望んでいることであると答える（『小さき花』一六）。

一二五二年クララは五八歳で亡くなった。フランチェスコが亡くなったのは四四歳であったが、彼女は当時としては比較的に長寿を全うしたといえる。死に先立って病床にあった時、時の教皇インノケンティウス四世は、親しく彼女を見舞っている。死の二年後には、聖者の列に加えられた。ダンテはクララを称えて、『神曲』の天国編第三歌で次のようにうたっている。「全き生涯と勝る徳とはひとりの淑女をさらに高き天に挙げた」（山川丙三郎訳『神曲』第三曲）。彼女の遺骸は、現在アッシジのクララ修道院に安置されている。前述したとおり、初期にはクララ会の修道女たちはサン＝ダミアノ教会の側の修道院に住んでいたが、後にアッシジの城壁内に移された。安全上の理由からだったと思われる。

遺骸が発掘された時、修道服の袖に入れられていたクララ会の会則の原文が発見された。羊皮紙に書かれたこの文書は、現在アッシジのクララ会修道院に保管されている。

注

*1　宗教運動についてはヘルベルト＝グルントマン（Herbert Grundmann）のReligiöse Bewegungen im Mittelalter. Untersuchungen über die geschichtlichen Zusammenhänge zwischen der Ketzerei, den Bettelorden und der religiösen Frauenbewegung in 12. und 13. Jahrhundert und über die geschichtlichen Grundlagen der deutschen Mystik, Berlin, 1935, photo reprint, Hildesheim, 1961参照。

*2　ヨアキム主義については、今野国雄著『西欧中世の社会と教会』岩波書店　一九七三、H. Grundmann, Lex und Sacramentum bei Joachim von Fiore, in : Miscellanea mediaevalia, Bd. VI, Berlin 1969, A. Crocco, S. Francesco e Gioacchino da Fiore, in : MiscFranc 82（1982）520-533参照。

*3　カタリ派についての詳細は、アルノ＝ボルスト著、藤代幸一訳『中世の異端カタリ派』新泉社　一九七五、ヘルベルト＝

グルントマン著、今野国雄訳『中世異端史』創文社　一九七四、渡邊昌美著『異端カタリ派の研究』岩波書店　一九八九、原田武著『異端カタリ派と転生』人文書院　一九九一、ヴェルナー＝デットロッフ著、坂口昂吉訳『中世ヨーロッパ神学』南窓社　一九八八、Schmitz-Valckenberg, Grundlehren Katarischer Sekten des 13. Jahrhunderts, Muenchen-Paderborn-Wien 1971. 参照。

Ⅲ　修道会の発展

イスラムとの出会い

アルプスを越え、海を越えて　弟子たちの数が増え、活動も広範囲に及ぶようになり、小さき兄弟会は急速に発展する。発展するのに伴って、フランチェスコと弟子たちはアルプスを越えて中央ヨーロッパ、北ヨーロッパ、イベリア半島、イギリス、アイルランドへも伝道を行うようになる。さらに修道士たちは、チュニジア、シリアへも出かけていった。

一三世紀の末から一四世紀後半までの元の時代には、中国に到来し、北京を中心に約七〇年間活動している。元が滅び、明の時代になると、新政権の政策によって入国が困難になり、後続する者がいなくなり、消滅している。元時代の中国では、カトリック教会の教会組織が作られたことが知られている。

最初の北京大司教に任命されたモンテ‐コルヴィーノのヨハネとかれの協力者の小さき兄弟会員たちは、多数の教会、修道院、神学校を建て、聖書やカトリック教会の典礼を中国語に翻訳するなど、多くの業績を残している。また、北イタリア出身のポルドネーノのオドリコは、宣教師として中東に赴き、さらに極東での伝道を志し、黒海、ペルシア、インド、スリランカ、スマトラ、ジャワ、ボルネオを経て中国に入った。かれは北京に三年間滞在したが、モンテ‐コルヴィーノのヨハネの意向を受け、ローマ教皇に中国におけるキリスト教の状況を報告するために、ヨーロッパへ赴いている。帰りには、チベット、パミール高原、アフガニスタンを経てペルシア北部を通り、一三三〇年ヴェネツィアに帰還した。かれが口述したものは、『世界の不思議』（De mirabilibus mundi）という一冊の本に纏められた。

小さき兄弟会の最初の頃の伝道旅行は、必ずしも成功したわけではなかった。出かけた修道士たちは必要な準備を受けていたわけでなく、行く先々の言葉を習得してもいなかった。ドイツへ赴いた者たちは、「ヤー（はい）」という言葉だけを知っていたが、あるところでは、そのために人々から宿や食べ物を提供された。しかし、他のところでは「ヤー」と答えたために、イタリアから来たうさん臭い宗教運動家や正統でない教えを述べている異端者と間違えられ、あやうく火刑に処されそうになったこともあった。

ハンガリーに派遣された修道士たちが体験した出来事を、ジャノのヨルダーノという会員は、年代記の中で幾分ユーモアをこめて述べている（Heinrich Boehmer, Chronica fratris Jordani, Paris 1908 六番）。かれらが歩いていると、羊飼いたちがかれらをののしり、殴り、犬をけしかけてきた。そこで修道士たちは、きっと羊飼いたちは上着が欲しいのだと思って、それを脱ぎ、羊飼いたちに差し出した。それでもかれらは殴ることを止めない。

そこで、ズボンが欲しいのだと考え、ズボンを脱いで差し出した。しかし、羊飼いたちは乱暴を止めようとしない。修道士たちは、下着が欲しいのだと思って、それを脱ぎ、差し出した。すると、羊飼いたちは、やっと放免した。これらの修道士の一人は、ジャノのヨルダーノに、六回も下着を取られたので、取られないように、下着にわざわざ牛の糞や他の汚物を付けて歩いた、と語ったという。

このような経験から、次の伝道のための派遣は周到な準備のもとに行われた。ドイツへ派遣される修道士たちの責任者としては、ドイツ人最初の小さき兄弟会員となったシュパイエルのチェザールが選ばれた。かれは、聖書に造詣が深く、十字軍付きの説教師であったが、中東で小さき兄弟会に入会していた。後に、一二二一年の『勅書によって裁可されていない会則』の起草にあたって、フランチェスコの協力者となっている。

エジプトへ

フランチェスコも伝道の旅に出かける。目指すところはエジプトである。かれはそこでイスラム教徒にキリストの教えを説き、かれらと話し合おうと考えていた。この頃、キリスト教の聖地であるパレスティナ奪還を目指して十字軍がエジプトに侵攻し、スルタンの指揮下にあるイスラム軍と激しい戦いを交えていた。スルタンはイスラム教の宗教的なまた政治的な統治者で、当時のエジプトのスルタンはマリク＝アル＝カミルであった。ボナヴェントゥラは、エジプトではなく、バビロンのスルタンと述べている（『大伝記』第一部第九章七番）。

以前フランチェスコは、北アフリカや中東へ行こうとしたことがある。スペインを経て北アフリカに赴こうとしたが、病気にかかったために、スペインから引き返すことを余儀なくされた。また、中東のパレスティナへ向かおうとした時には、悪天候のために船が出ず、断念しなければならなかった（『第一伝記』五五番、『大伝記』第一部第九章六番）。

このたびの旅行には、フランチェスコはペトロ＝カタニ、イルミナート、レオナルド、バルバロの四人の弟子を伴い、十字軍の兵士を搬送する船に乗り込んだ。かれらは、乗船して約一か月後には、十字軍の基地があるエジプトのダミエッタに到着した。

到着してみて、かれは十字軍の状態に愕然とする。聖地奪還の熱に燃えて参加した者もいたが、単なる冒険心から、あるいは財宝を略奪するために加わった者もいた。これらの不純分子の生活は乱れ、騎士道も存在しないかのようであった。騎士道を崇高なものとして大切にしていたフランチェスコは失望を覚える。これでは、イスラム教徒にキリストの教えを説くことはできない、とさえ考える。

苦い思いに駆られたフランチェスコに、スルタンに会おうという考えが浮かんだ。かれに会って、キリストの教えを説こうと考えたのである。こうしてかれは、弟子の一人を連れてイスラム軍の前線に向かった。一二一九年九月のことである。この時期に中東に滞在し、十字軍兵士の精神的な世話をしていたフランドル出身のジャック＝ド＝ヴィトリーは、『西洋史』の中で、フランチェスコの行動についてかなり詳細に伝えている（Historia Occidentalis, 13-15）。

後に教皇庁の枢機卿になるジャック＝ド＝ヴィトリーは、フランチェスコを小さき兄弟会の創立者、指導者と呼び、他のすべての会員がかれに従っていること、素朴で、無学であるが、神と人に愛されている人間であると述べている。かれによると、「フランチェスコはあたかも酔ったかのように、熱意に満たされ、エジプトのダミエッタにある十字軍の陣地にやって来た。そして、恐れることなく信仰の盾に守られて、スルタンの陣営に赴いた。スルタン、スルタンと叫び、イスラムの兵士に捕らえられると、王のもとへ連れて行ってくれるように頼んだ。」ボナヴェントゥラによると、フランチェスコは弟子のイルミナートを伴っていた（『大伝記』第一部第九章八番）。

スルタンの角笛

イスラム軍の兵士に捕らえられたフランチェスコとイルミナートは、スルタンの前に連れ出された。スルタンは始めは厳しい態度で尋問したが、やがて柔和な態度で接するようになった。フランチェスコの真心に感服したのである。フランチェスコは数日留まって、キリストの教えを説いた。スルタンは自分の臣下たちと共にかれの言葉に耳を傾けた。

やがて、自分の臣下たちがフランチェスコの言葉に影響されて、キリスト者となって敵の陣営に逃げるのではないかと恐れたスルタンは、部下に命じて、尊敬をもって、かれを安全にキリスト教徒の陣営に連れて行くようはからった。そして、フランチェスコに、「神がどの信仰を嘉《よみ》されるかを私に示してくださるよう祈ってください」と言ったという。フランチェスコとイルミナートはスルタンのもとを辞した。兵士たちはかれらを、キリスト教徒の陣営まで丁重に送り届けた。

　この逸話を伝えているジャック＝ド＝ヴィトリーには、この出来事を記している『西洋史』の他に、『東洋史』、『エルサレム略史』、数多くの手紙および二つの説教がある。これらの著作の信憑性は、高く評価されている。フランチェスコとスルタンの出会いについての記述も、幾分誇張されているにしても、その根本的な歴史性には疑いの余地はないであろう。

スルタンと対話するフランチェスコ　ジョットー筆

　スルタンとの出会いについて、最初は過酷に取り扱われながらも、ついにはスルタンがフランチェスコを手厚くもてなしたことを、チェラノのトマス、ボナヴェントゥラ、ジャノのヨルダーノ、『小さき花』も書き記している（『第一伝記』五七番、『第二伝記』三〇番、『大伝記』第一部第九章七―九番、Chronica fratris Jordani, 一〇番、『小さき花』二四章）。チェラノのトマスやボナヴェントゥラ、また『小さき花』では若干の粉飾も見られる。しかしこれらは、フランチェスコとスルタンの対話が友好的な雰囲気のもとに行われたことを伝えるものである。

　アッシジの聖フランチェスコ大聖堂の遺物保管室には、スルタンが、自分の領土内を安全に旅するための通行証代わりに、記念としてフランチェスコに贈ったという角笛が保管されている。その真贋についての確証はないが、フランチェスコとスルタンが出会ったという歴史的意義とかれらの出会いが友好的なものであったことを思い出させるものではあろう。

対話と平和の追求

　フランチェスコがイスラム教徒のもとに赴き、スルタンと対話を行ったことは大きな意義を持っている。一三世紀のヨーロッパは対話の時代ではない。争いと対立の時代である。これはヨーロッパに留まらず、世界的な現象であった。現代は対話の時代とされ、それが強調されているが、実現することがどのように困難であるかは、武器による問題の解決が対話に優先しているという現状が物語っている。

　当時のヨーロッパで知られていた宗教は、キリスト教とイスラム教である。世界宗教の一つである仏教はアジアに広まり、ヨーロッパではまだほとんど知られていなかった。キリスト教世界は、イスラム教徒によって奪われた地域、イエス＝キリストが生まれ、生活し、十字架の上で自らを人類の救いのために奉献したパレスティナの地を奪還するために、幾度となく十字軍を送っている。

しかし、これはキリスト教の歴史に大きな汚点を残すことになる。十字軍は八回にわたって送られている。第一回（一〇九六～九九）、第二回（一一四七～四九）、第三回（一一八九～九一）、第四回（一二〇二～〇四）、第五回（一二一七～二一）、第六回（一二二八～二九）、第七回（一二四八～五四）、第八回（一二七〇）。フランチェスコがエジプトと中東に旅したのは第五回の十字軍の時である。

フランチェスコは平和の愛好者であった。かれは、スルタンとの話し合いによって、問題を平和のうちに解決できると期待したのであろう。フランチェスコの企ては成功しなかった。しかし、スルタンはフランチェスコの人格とその私心のない透明な心に敬意を表した。武器によってではなく、対話によって問題を解決するというフランチェスコの計画は失敗したが、対話と平和を追求するかれの姿は、八〇〇年の年月を超えた、二一世紀の現代においても人々の心を惹きつけるのである。

やがてフランチェスコはエジプトを去り、聖地パレスティナを巡り、シリアにいる弟子たちを訪れる。シリア滞在中、イタリアでは生活と活動に関する路線をめぐって小さき兄弟会の中に対立と混乱が生じているという知らせがもたらされる。かれは、問題を解決するために、この度の旅行に伴った弟子やシリア地方の管区長であったエリア＝ボンバローネと共に、急遽イタリアに帰ることになる。

尊敬と協調

一二二〇年、フランチェスコはイタリアへの帰途についた。先に述べたように、小さき兄弟会の中で起こった混乱を収拾するためである。翌一二二一年、『勅書によって裁可されていない会則』を起草している。この会則については後述する。かれが会則の起草を思い立ったのは、小さき兄弟会内の混乱に対処するためであった。

同会則の『回教徒および非キリスト教徒のもとに行く兄弟について』と題されている第一六章に次のようなくだりがある。「回教徒や非キリスト教徒のもとに行きたいと望む兄弟はだれでも、自分の奉仕者であり僕（である管区長）の許可を得た上で行かなければならない。……ところで、そこへ行く兄弟たちは、二つの方法をもって、彼らの間で霊的に生活することができる。一つの方法は、口論や争いをせず、神のためにすべての人に従い、自分はキリスト者だと宣言することである。もう一つの方法は、主の御心にかなうと判断するなら、神の御言葉を宣べ伝えて、全能の神・父と子と聖霊・万物の創り主を信じ、贖い主・救い主である御子を信じるように、そして洗礼を受けてキリスト者になるようにと、勧めることである。」

この文章には、フランチェスコがイスラム教徒との出会いの中で得た体験と確信が反映していると考えられる（Jan Hoeberichts, Francesco e l'Islam, Padova 2002, pp. 81-90参照）。前述したように、カトリック教会は聖地パレスティナをイスラムの勢力から武力で取り戻すために、八回にわたって十字軍を送っている。当時、教会はこの戦いを聖なる戦いと位置づけていた。このような状況の中で、フランチェスコは会則の中で上記のように述べるのである。武器ではなく、互いの協調と平和、他者への尊敬と思いやりこそ重要であるという立場なのである。

フランチェスコはキリスト者として、キリストによる救いの教えを人々に伝えるという宣教を最大の任務と考え、弟子たちにもそのように教えていた。その宣教を「霊的に生きる」ことであると定義している。しかも、語ることよりも生きることが優先されている。

かれの考えに従えば、「霊的に」という表現は、自己中心的な考えや生き方から脱却することを意味する。フランチェスコは、伝道にあたっては先ず自己中心的思考や態度を捨てて生きることが重要であると述べている。さらに、一切の口論や争いをすることなく、信条を異にする人々との協調の中で生きなければならず、そのように生活した上で、もし神の望みにかなっていると考えた場合には、キリストの教えを伝えるように、と説くのである。

この短い文章には、フランチェスコの他宗教とその信徒たちへの深い尊敬とかれらと平和のうちに生きようという強い願望が現れている。

生活の規範

原始会則　フランチェスコはイタリアに帰り、小さき兄弟会の中に起こっていた混乱を収拾する。イタリアへ帰還するのは一二二〇年であるが、すでにこの時期、小さき兄弟会の会員の数は数千に達していたと推定される。

小さき兄弟会には、多くの者が加わるようになっていた。一二一〇年にフランチェスコは、自分と弟子たちの生き方と修道会創立の許可を教皇インノケンティウス三世から受けているが、その時、自分たちの共同体のために書いた短い規則も携え、口頭ではあるが、その認可も得ている。「原始会則」と呼ばれるものである。

中世の年代記者が述べているように、それは一枚の羊皮紙に書かれた簡単なものであったろう。イギリスの聖アルバノ修道院の編年史記者パリのマテオは、従来のアウグスティノ会やベネディクト会の長い会則と比較して、小さき兄弟会の会則を「小紙片」（Schedula）と呼んでいる（Testimonia Minora, 29）。この原始会則は現在残っていないが、聖書から引用した言葉に、フランチェスコが自分たちの生活のために必要ないくつかのものを加えたものであったと思われる。

創立されて一〇年ほどで、小さき兄弟会は急速に発展する。発展するのに伴って、様々な規定が作られ、組織化も行われる。地方別に管区に分けられ、各管区には管区長がおかれ、統治の責任を取ることになる。管区に分割されるのは、一二一七年頃であったと思われる。小さき兄弟会の組織では、全体を統括する者は総長（Minister generalis）、総長のもとで一定の地域を統括する責任者は管区長（Minister provincialis）、管区長のもとで管区のある部分を統治する者は分管区長（Custos）、修道院の責任を取る者は院長（Guardianus）と呼ばれた。いずれの職名も、支配ではなく、奉仕を意味している。

会則の認可　インノケンティウス３世から認可を受けるフランチェスコ。ジョットー筆

前述したように、フランチェスコと弟子たちの活動は、イタリア半島を越えてアルプスの彼方に、また北アフリカや中東へと広がっていく。活動も、外国への伝道、信徒の司牧、大学での研究や教授など、様々な分野に及ぶようになる。初期の素朴な共同体から、複雑な機構を持つ団体へ発展していた。このような経過の中で、生活や活動に必要な詳細な規則の作成が求められる。

一二二一年の会則

高度に組織化された小さき兄弟会の中で起こる問題や対外的な事柄に対処するために、フランチェスコはドイツ人最初の弟子であるシュパイエルのチェザールの協力を得て、原始会則に基礎を置いた新しい会則を起草する（Chronicon fratris Jordani, 15）。会員の総会議に提出するためである。かれは会則の草案を総会にかけ、会員と協議した上で、認可を受けるために教皇庁に提出しようと考えていた。しかし、この草案は教皇庁に提出されることはなかった。精神面での内容は豊かであったが、法律としては不十分と思われたからであろう。

この会則にはフランチェスコの理念が豊富に織り込まれ、聖書からの引用も豊かである。聖書の章句の引用が多いのは、聖書に造詣の深かったシュパイエルのチェザールに負うところが多いと思われる。すでに述べたように、チェザールはドイツのシュパイエル出身の司祭で、ドイツ人最初の小さき兄弟会員である。十字軍付きの説教師であったが、中東に滞在中に小さき兄弟会に入会した。小さき兄弟会が二度目に会員をドイツ地方に派遣した時、その責任者となったのもチェザールであった。フランチェスコから深く信任されていた。

この会則の草案は、一二二三年に認可された会則に対して、「第一会則」とも呼ばれ、『勅書によって裁可されていない会則』として現存している。カエタン＝エッサー神父とデイヴィド＝フラッド神父は、数多くの写本をもとに、この会則について詳細な研究を行っている（K. Esser, Textkritische Untersuchungen zur Regula non bullata der Minderbrueder, Grottaferrata 1974 ; D. F. Flood, Die Regula non bullata der Minderbrueder, Werl. W. 1967)。

一二二三年の会則

一二二三年、再度フランチェスコは会則を起草することになる。法的に整備された会則が求められたからである。その構想を練ったのはリエティの近くのフォンテ - コロンボで、この会則の草稿をフランチェスコは二度書いたと、伝記は伝えている。一度書いたものを代理者のエリア＝ボンバローネに渡したが、かれはそれを不注意のために紛失したので、フランチェスコはもう一度書かなければならなかったというのである（『大伝記』第一部第四章一一番、『完全の鏡』一）。

しかし、これを否定する者もいる。フランチェスコに関する伝記の研究者ソフローニウス＝クラーセン神父は、これはモーセがシナイ山で受けた十戒が一度は破壊され、再度与えられたということから、フランチェスコが書いた会則も一度は失われ、二度書かれるというボナヴェントゥラによる神学的象徴であろうと考えている（Sophronius Clasen, Franziskus, der neue Moses, in : Wiss Weis 24 [1961] 200-208)。

『旧約聖書』の出エジプト記三二章と三四章では、イスラエルの民（古代ヘブライ人）をエジプトでの奴隷状態から解放して、かれらを父祖の地パレスティナへ導いていたモーセが神ヤーヴェから十戒を授かる話が伝えられている。かれはシナイ山に登り、四〇日四〇夜の断食を行った。その間、イスラエルの民は不安を覚え、モーセの兄アロンを脅迫して、神として礼拝するための金の子牛の偶像を作らせた。四〇日が過ぎて、神から授かった十戒の刻まれた二枚の石板を携えて、モーセが山から下ってみると、アロンとイスラエルの民は金の子牛を礼拝していた。これを見たモーセは、民を叱責し、二枚の石板を岩に投げつけて、砕いてしまう。また、金の子牛も破壊させた。民が改心したので、モーセは再び山に登り、再度十戒を授けて貰った。

フランチェスコのこの度の起草には、かれの友人で、保護者でもあり、後に教皇グレゴリウス九世となったウゴリノ枢機卿や管区長たちおよび学識ある弟子たちが協力している。

枢機卿は教会の位階制度（助祭、司祭、司教）には入らない。司教、司祭の中からローマ教皇の特別顧問として選ばれるもので、枢機卿会を形成して、教皇の諮問に答える。また教皇の選挙において、選挙権を持っている。なお、枢機卿には、司教枢機卿、司祭枢機卿、助祭枢機卿の三つの種類がある。

新しい会則は、教会法的には整備されたが、先に起草した「一二二一年の会則」と呼ばれるものよりも簡素化されている。分量も少なく、一二二一年の会則の二四章から一二章に纏められている。また、潤いに欠けているのも事実である。それでもなお、随所に格調高いくだりが見られる。これらの箇所はフランチェスコ自身の言葉そのものを留めていると考えられる（『勅書によって裁可された会則』第六章、第一〇章）。聖書からの引用もごくわずかである。さらに使用されているラテン語も、一二二一年の会則に比べ流麗である。

かれの言葉に文体的な修正や変更、また教会法的な要素が加えられているにせよ、会則の本質的なものはフランチェスコの考えであることには間違いない。こうして一二二三年、新しい会則の草案が教皇庁に提出される。同年一一月二九日、教皇ホノリウス三世は勅書「ソレト‐アンヌエレ」によって、この会則を認可した。『勅書によって裁可された会則』である。この会則は、現在でも「小さき兄弟会」の三つの修道家族（フランシスコ会、コンベンツアル‐フランシスコ会、カプチン‐フランシスコ会）において、生活の規範として用いられている。なお、各修道家族には、日々の生活や活動のために、この会則に基づき、時代の需要に応じて作成された、それぞれ異なった会憲と呼ばれる細則がある。

認可を受けた一二二三年の会則

羊皮紙に認められたこの会則の原本は、フランチェスコの修道服やエジプトのスルタンから贈られたと伝えられる角笛などともに、現在アッシジの聖フランチェスコ大聖堂の遺品保管室に保存されている。

自然を慈しむ心

自然への語りかけ

フランチェスコは終生小さき兄弟会の最高責任者であったが、会の組織化が進むにつれて、行政的な責任は代理者に譲り、もっぱら精神的な指導を行うようになる。一二二〇年頃には、統治の面での責任は全面的に譲渡したと思われる。最初の代理者は、フランチェスコの最初の弟子の一人であるペトロ＝カタニで、かれの死後はエリア＝ボンバローネがその後を継いでいる。

チェラノのトマスは、フランチェスコが総長職を辞したと述べているが（『第二伝記』一四三番）、実際には総長として留まり、実務を代理者のエリアに委任したに過ぎない。これは、フランチェスコが死去した後、会則の第八章に基づいて新しい総長を選ぶために総会議が召集された事実からも明らかである。当時の代理者はエリアであったが、かれが総長であったならば、総長選出のための総会議を召集する必要はなかったであろう。

統治の責務を離れたフランチェスコは、弟子たちの精神的な指導、瞑想の生活と人々の教化に専念した。またこれまでのように、キリストの福音の教えを語り、平和を説き続けた。かれは人々に語りかけるが、伝記の中ではフランチェスコの自然とのかかわり、自然に対するかれの慈しみの心についても述べられている。この自然とのかかわりやそれを慈しむ心は、生きたものにだけでなく、無生物にも向けられている（『第一伝記』五八～六一番、八〇～八一番、『第二伝記』一六五～一七一番、『奇跡の書』一四～三二番、『大伝記』第一部第八章六～一一番）。

かれは太陽、火、風、石、木、草を兄弟と呼び、かれらに語りかけている。自然とのかかわりの中で、動物を慈しむ心、かれらへの語りかけが目立っている。小鳥への説教と狼との対話は代表的なものであろう。

小鳥への説教

チェラノのトマスの『第一伝記』は、小鳥への説教を次のように伝えている（『第一伝記』五八～五九番。『大伝記』第一部第一二章三―四番参照）。フランチェスコがスポレートの山間地方で伝道の旅をしていた時のことである。ある場所に来ると、鳩やからす、その他の色々な種類の小鳥が群れをなして集まっていた。

自然に対して優しい心を持っていたフランチェスコは、かれらが集まっている場所に近づいていった。鳥は驚いて飛び立つ様子もないので、フランチェスコは嬉しくなり、鳥たちに次のように語りかけた。「わたしの兄弟である小鳥の皆さん、あなた方は、あなた方の造り主を心から褒めたたえるため、いつも感謝しなければなりません。なぜなら、そのお方は、あなた方の着る物として羽毛を、また飛ぶために翼を、そして必要なものを全てくださったからです。神さまは、あなた方をその被造物の中でも特に大事になさっておられ、空のきれいな所にあなた方の住居を用意なさり、蒔いたり、刈り入れたりしなくてもよいように、何の心配もなく暮せるように、あなた方を守り心配なさっておられるのです」(『第一伝記』五八。『奇跡の書』二〇参照)。

この言葉を聞くと、小鳥たちは様々なしぐさをしながら、自分たちの喜びを表していた。話す間フランチェスコは小鳥の間をあちこち歩いていたが、小鳥たちはフランチェスコの体や衣服に触っていた。かれが祝福を与えると、鳥たちは、喜びを表すようなしぐさをしながら、飛び立っていった。

小鳥への説教の光景は、ジョットーによってアッシジの聖フランチェスコ大聖堂の上部聖堂の壁に描かれている。この絵は聖フランチェスコ大聖堂の壁画の中でも良く知られているものであるが、一九九七年にアッシジ地方を襲った地震でもこの壁画は損傷を免れた。

グッビオの狼

フランチェスコが狼と話をしたという逸話は、『小さき花』の二一章で語られている。狼にまつわる話は『第二伝記』(三五—三六番)と『大伝記』(第一部第八章一一番)の中にも見られる。ここでは、一二二三年にクリスマスを祝ったグレッチオという村で狼の群れが家畜を襲うだけではなく、人間にも危害を加えていたが、フランチェスコの祈りによって狼の群れは出なくなったと伝えられている。

狼とフランチェスコの対話はアッシジから遠くないグッビオで起こった出来事である。グッビオはアッシジの北方四〇キロメートルほどのところにある山間の都市である。物語は『小さき花』の中で次のように語られている。

グッビオの近くには獰猛な狼がいて、人間や家畜を襲って、人々を恐怖に陥れていた。そこで町の外に出る時には、人々は武器を持つことにしていた。しかし、武器を携えていても安全ではないので、恐怖のあまり、町を囲む城壁の外へ出ることさえできなくなっていた。

たまたまグッビオに滞在していたフランチェスコは、この話を聞くと、町の外へ出て狼に会う決心をした。人々は、フランチェスコの大胆な企てを知ると、何人もの人間に危害を加えた獰猛な狼はかれをも殺すだろうと言って、出かけないように勧めた。

フランチェスコは人々の親切な助言に感謝したが、弟子の一人を伴って城壁の外へ出て、狼のいる森のところまで近づいていった。人々は、どうなることかと、固唾を飲んで遠くから事の成り行きを眺めていた。

やがて狼が牙をむいて、フランチェスコと弟子めがけて、駆け寄って来た。すると、フランチェスコは近づいてくる狼に向かって十字架の印をした。狼は近づきながら、様子を変え始めた。近づく速度を落とし、飛びかかろうとせず、静かになり、口を閉じた。フランチェスコは、狼に声をかけて、言った。「兄弟狼よ、こちらへ来なさい。キリストのみ名によって命じるが、これからは誰にも危害を加えてはならないよ。」すると、狼は駆け寄ると、頭を低くし、フランチェスコの前にうずくまった。

かれは、人間を諭すかのように、狼に語りかけ、人間や家畜に危害を加えることがいかに大きな悪事であるかを教えた。そして、もしこれから人間や家畜を襲うことがなければ、これまでのことは水に流して、町の人々と狼の間の仲直りをさせたいこと、そしてこれからは人間も犬も狼を追い立てることはないよう、人々を説得することを約束した。狼はフランチェスコの諭しに聞き従うことを、耳や尾を動かして示し、首を振ってうなずいた。

フランチェスコは続けて、狼が今後人間や家畜に危害を加えなければ、グッビオの住民は毎日餌をやることを保証した。狼は、首を縦に振って、今後決して人間にも家畜にも危害を加えないことを約束した。フランチェスコが約束の印を求めると、かれが差し出した手に前足をのせた。

こうして、フランチェスコの仲介によって、グッビオの住民と狼の間に和解が成立した。その後狼は住民が与える餌で満足し、二年間生き続けた。以上が、伝承の内容である。この伝承に基づいて、現在グッビオ市の郊外には、この逸話を記念するブロンズ像が建てられている。この逸話が文字通り史実であるかどうかについては議論があろう。それについて詮索する必要もないであろう。フランチェスコが人々の間の不和あるいは町と町との紛争の調停を行ったことが、かれの自然を慈しむ心と共に、このような形で伝えられたといえよう。

『殉教者聖ヴェレコンドの受難の伝記』(Legenda de Passione sancti Verecundi militis et martyris, 3, in : Fonti Francescani 2251) には、次のような逸話が語られている。体力の衰えたフランチェスコが驢馬に乗って、弟子の一人と共に、夜になってからサン・ヴェレコンドの村を通りかかったことがあった。農民たちは、この周辺には獰猛な狼がいて、乗っている驢馬とあなた方を襲うだろうから、その夜は村に泊まるように勧めた。するとフランチェスコは、「私は狼に何も悪いことをしたことはないから、狼もわたしと驢馬をかみ殺すことはないでしょう」と答えた。この話も、フランチェスコの自然に対する態度を物語るものである。

蝿と蟻のたとえ

フランチェスコと動物との交流にまつわる逸話やかれの動物に対する慈しみは、伝記のいたるところで語られている。しかし、ある動物の習性を象徴的に捉えて、そこに人間が陥る過ちを見ていることもある。怠けて働きもせず、托鉢にも行かず、食事の時には他の会員が労働や托鉢で得たものを貪欲に食べる者を、蝿や蜜蜂の中の雄蜂にたとえている(『第二伝記』七五番、『大伝記』第一部第五章六番、『完全の鏡』七五番)。

かれの最初の弟子の一人であるエジディオは、フランチェスコが蟻の習性を取り上げて、あまりにも物質的なことに心を奪われ、人間にとって一番大事なものは何かを忘れ、あくせくと富を蓄積する人を蟻にたとえたと、伝えている（Dicta Beati Aegidii Assisiensis, 8, in : Bibliotheca Francescana Ascetica Medii Aevi, Tom. 3, Quaracchi 1905）。

また、生まれたばかりの子羊をかみ殺した獰猛な雄豚に対してフランチェスコが怒りを表したという話しも伝わっている（『第二伝記』一一一）。人々を救うために自らを奉献したイエス＝キリストは聖書の中で「世の罪を取り除く神の子羊」と呼ばれている（ヨハネ一、二九参照）が、貪食な豚の犠牲になった子羊は、かれに神の子羊であるキリストを思い出させたのである。キリストが神の子羊と呼ばれるのは、人類の救いのために自らの命を生贄《いけにえ》として捧げたからである。『旧約聖書』の出エジプト記一二章には、古代ヘブライ人が神の摂理によって子羊の肉を食べ、その血をかもいに塗って、死から救われたという故事が書かれている。この故事にちなんで、イエス＝キリストは神の子羊と呼ばれる。

このように、フランチェスコはある動物の習性に嫌悪を示しているが、それは動物そのものへの嫌悪ではなかった。それらの習性が人間の中に巣食う悪を思い出させるので、これらの動物が持つ習性が示すような生き方をする人間を象徴的に戒めたのである。

フランチェスコの自然観

小鳥への説教や狼との対話に代表される動物にまつわる逸話は、自然に対するフランチェスコの心を表している。かれは人間だけでなく、理性を持たない動植物や無生物もすべて神から創造されたかけがえのない存在であると考えていた。晩年になって詠んだ「被造物の賛歌」とも呼ばれる『太陽の賛歌』は、フランチェスコが自然をどのように見ていたかを示している。この太陽の賛歌には動物は登場しないが、かれは太陽を兄弟、月を姉妹、大地を母、水を姉妹、火を兄弟と呼んでいる（『アシジの聖フランシスコの小品集』の『太陽の歌』）。

フランチェスコの自然とのかかわり、自然に関する考えをキリスト教的・聖書的に受けとめる者もあれば、汎神論的に理解する者もいる。汎神論的な見解を持つ者は、かれが神を超越的な存在者、位格（ペルソナ）を持つ神としてではなく、自然そのものを神的なものとして捉えていたという立場に立っている。しかし、かれ自身の書き物や伝記類に見られるフランチェスコの言葉を読む時、その考えの中に汎神論的形跡は見られない。

いずれにしても、フランチェスコの自然についての考え、自然とのかかわり、親愛の情、かれが自然を兄弟姉妹とみなしていたことが多くの人々の心を捉えていることは確かである。フランチェスコの自然に関する考えは、かれが生きた時代の自然に関する考えと比較する時、特異な側面を持っている。

根強い二元論

自然についての当時のキリスト教の考えには、プラトン主義[*1]が大きな影響を与えていた。プラトン主義の思想は目に見えないものと目に見えるものを対立させる二元論の立場である。プラトン主義は修正されて、新プラトン主義として伝えられる。プラトン主義の思想は、この所謂修正プラトン主義である新プラトン主義によってキリスト教に影響を与えることになる。こうして、精神的なもの、目に見えないものと物体的なもの、目に見えるものとの対比の中で、物体的なものを軽視する極度の精神主義はキリスト教の思想の中に生きることになる。

プラトン主義は、観念（イデア）の住む世界があるという理論の中で、物質は観念の影であるとみなした。したがって、プラトン主義によれば、物質は実体のない影である。人間について言えば、人間の肉体は霊魂にとって牢獄のようなものであり、霊魂は以前すでに観念の世界に住んでいたが、ある過失のために、懲罰として肉体に閉じ込められたというのである。人間が物を認識するのは、観念の世界で直観していたその物の観念を思い出すからである。このような二元論的理論は、前述したカタリ派の教義の中に現れている。

精神的なものを過大評価し、物質的なものを軽視し、肉体を敵視するこのような二元論は、初代教会以来、キリスト教においては、キリスト教と相容れないものとして排撃された。しかし、それはキリスト教の中で潜在的に根強く残った。とりわけ、肉体に関する倫理と修道生活の中で影響を与え続けた。

すでに述べたように、物質軽視と肉体敵視の思想は、キリスト教の中に受け継がれ、修徳主義の中で強くなっていった。特に肉体敵視の思想は、つい最近まで修道生活の中に残っていた。フランチェスコも中世に生きた人であり、修道者である。したがって、かれがこのような中世の思想、特に修徳主義的な肉体に対する考えの影響を多少なりとも受けていたことは、ごく自然なな成り行きであったと言える。

物質軽視と肉体敵視

中世ヨーロッパには、二元論という思想的な面からの物質軽視の中で、自然を敵視する傾向があった。人間と自然の関係は、戦いであると考えられた。日本では、自然の中に身を溶け込ませようとするが、ヨーロッパでは自然の中に身を置くことは死を意味した。日本の家屋では戸は左右に開閉する引き戸になっていて、開けると自然と一体となるよう造られていた。これに対して、ヨーロッパの住居の戸は開き戸で、外界から内側を遮断するように造られていた。これは、日本とヨーロッパの自然に対する見方の違いを表していると言える。

中世ヨーロッパでは、自然は戦いの相手と見られていた。たとえば、森は恐ろしいものであり、暗黒の世界の象徴であった。森の中に入ると、狼に食われるか、餓死するか、ともかく生きて帰れないのである。森に象徴されるように、自然は悪いものとして受けとめられている（木村尚三郎著『ヨーロッパからの発想』角川書店、八六～九〇、九二ページ参照）。そこで、森の木を切り、土地を耕した。これが「文化」だったのである。文化を意味するラテン語はクルトゥーラ（cultura）である。これは、「耕す」という意味のラテン語のコーレレ（colere）に由来する。

以上のように、キリスト教の中に根深く残ったプラトン主義的二元論の流れと自然を戦いの相手と見る傾向は、中世キリスト教の中で、無意識のうちに、自然、物質、肉体を軽視し、敵視する土壌を作っていったのである。中世ヨーロッパ人のこのような自然に対する態度を考える時、フランチェスコの小鳥への説教や狼との対話の逸話は、自然を悪としてではなく、神が創造した良いものとして捉えたかれの自然観を、象徴的に表しているといえよう。

カタリ派の思想とフランチェスコ

フランチェスコが自然に対してどのような考えを持っていたかを取り扱うにあたって、かれと同時代のカタリ派が持っていた自然に対する考えを見逃すことはできない。カタリ派はフランチェスコの時代に隆盛を極め、中世のカトリック教会にとって大きな脅威となった異端的な思想である。

フランチェスコの言葉を読む時、そこにカタリ派の思想との際立った対比を発見することができる。かれの言葉の中には直接カタリ派に言及しているものは見出せないが、言葉を注意深く検討する時、フランチェスコがカタリ派について知っており、意識していたことが推測できる。

カタリ派は、霊的なもの、精神的なものは善であり、物質的なものは悪であるという、極端な二元論の立場を取っている。それは、神の創造の業、自然、物質を悪とみなす悲観主義であった。

では、フランチェスコは自然をどのように捉えていたのであろうか。前述したように、中世のキリスト教において、プラトン主義的な二元論の考えが、理論上は排除されながらも、倫理の実践と修徳の面で依然として流れていたことは否定できない。さらに、中世ヨーロッパ人は、自然を人間に対立するものと見ていた。

このような環境の中でフランチェスコは生きたのである。かれも、時代の子として、自分を取り巻く世界の文化、思想、考え方に影響を受けたことは確かである。しかし、自然に関するフランチェスコの考えは、このような時代の枠の中にありながらも、その枠の制約を超えようとしているのである。またそれは、一一世紀から一三世紀にかけて大きな思想的影響を与えたカタリ派の極端な二元論から結論づけられた自然観とは明らかな対比を示すのである。

カタリ派が創造の業と自然を悪とみなし、その価値を否定するのに対して、フランチェスコは創造の業を神の善の業として最高に評価し、自然を肯定し、自然を通して、自然の中に神を見ている。これは、フランチェスコが晩年になって詠んだ『太陽の賛歌』に如実に現れている。

環境保護のパトロン

現在、快適な生活を追求するための節度のない開発と過度の工業化は、自然破壊と大気汚染という重大な危機をもたらしている。人間は、科学の粋を尽くして、自然を搾取している。自然への尊敬も愛情も忘れ去ってしまったかのようである。環境保護は、今や人類の最大の関心事となっている。快適な生活と物質的利益の追求によって自らを危機にさらしている人類に、フランチェスコの自然とのかかわり、またその自然観は貴重な示唆を与えてくれる。

一九七九年一一月二九日、教皇ヨハネ＝パウロ二世は、各方面からの要請に応えて、フランチェスコを環境保護に携わる人々の保護の聖人と宣言した。この提案を最初に行ったのは、カリフォルニア大学の技術工学史の教授であるリン＝ホワイト氏であった（Lynn White Jr., The Historic Roots of Our Ecologic Crisis, in : Science 155 [1967]）。氏はキリスト教の思想とは距離を置いている学者である。

一九九〇年五月発行の月刊誌「Asahi」の村上陽一郎、安田喜憲、石弘之の三氏の対談「地球を救う守護神はアニミズムだ！」（一五四〜一六三ページ）において、アッシジのフランチェスコと環境保護が取り上げられている。対談の内容はフランチェスコの自然観と相容れることはないにしても、環境保護という今日的な問題を取り扱う中で、かれの考えが取り上げられていることは興味深い。

快適な生活を追求するという名目で自然破壊と環境汚染が行われている現在、フランチェスコが環境保護のパトロンと宣言されたことは、重要な意味を持っているといえよう。

平和への願い

フランチェスコと狼との対話は、かれが自然に対してとった態度とともに、平和への願いと人々の中で行った平和の仲介の実現を物語っていると思われる。当時のイタリア半島では戦乱や内乱が続いていた。同じ町の住民の間でも、政治的なまた経済的な利権をめぐる対立がしばしば起こり、それは流血を伴うことさえあった。

このような社会状況の中に生きて、フランチェスコの心は痛んだであろう。かれはそのような時、進んで和平の調停者となった。死のすこし前にも、アッシジの司教グイドと市民共同体の執政長官オポルトゥロ＝ディ＝ベルナルドとの間の紛争を解決している（A. Fortini, Nova vita di San Francesco, 1959, II, 530-532）。ちなみに、長官の娘アグネスはクララ会の修道女であったといわれる（『完全の鏡』一〇一）。

司教と執政長官の対立

司教と長官は長年犬猿の仲であったが、何かの事件がきっかけで、対立が表面化した。グイド司教は、長官に対して教会からの破門を宣告した。中世においては、宗教と政治が密着し、社会において教会は大きな影響力を持っていた。破門を受けた者は、社会的な地位も権利も失うことになっていた。司教は、破門といういわば伝家の宝刀を抜いたのである。これに対して、長官は市民に命じて、司教に物を売らせないようにした。司教を孤立させようとしたのである。

この時フランチェスコは病床にあった。人間はなぜこのように富や地位や権力や面子のために互いにいがみ合い、血を流さなければならないのか。ともに神を父と戴く兄弟が争っているのを見ることは、かれの心を苦しめた。緊張状態は日増しに深刻になっていく。和平調停をしようとする者はいない。アッシジにおいて両者とも最高の権力を持ち、グイド司教は宗教界の頂点に、オポルトゥロ長官は世俗権力の頂点にいたからである。

平和の仲介

フランチェスコは、アッシジの宗教と政治の二人の指導者が対立し、流血の騒ぎにもなりかねないのを見て、心を痛めた。それは平和の破壊であり、人々に大きな損失を与える。何よりもそれは、「平和を実現する人々は幸いである。その人たちは神の子と呼ばれる」、「敵をも愛しなさい」（「マタイ福音書」五章九、「ルカ福音書」六章二七）というキリストが与えた福音の黄金律に対する挑戦である。

そこでフランチェスコは弟子の一人を長官のもとに遣わし、市の主だった人々を連れて、司教館前の広場に来るようにと願った。またもう一人の弟子を司教のもとに送って、長官が到着すれば快く出迎えるように懇願した。

グイド司教は、フランチェスコが世俗を捨てて宗教生活に入った時から、父の心をもってかれを導いてきた人である。フランチェスコの真摯な生き方には感銘を覚え、尊敬の念を持っていた。父ピエトロと親子の断絶をし、身に着けていた衣服も含めて、すべてを父に返した時、司教はかれを自分のマントで覆い、それ以来フランチェスコと弟子たちを見守り、保護し、様々な助言と支援を惜しまなかった。かれが弟子たちとともにローマに赴いた折、教皇インノケンティウス三世に会えるよう尽力してくれたのも、このグイド司教であった。

市の執政長官も司教もフランチェスコの願いを快く受け入れた。長官は司教との間を取り持とうとするフランチェスコの意図に気づいていたが、この貧しい修道士の願いを拒むことはできなかった。かれも、豊かな生活と富を捨て、極貧の中に、小さき者として、謙虚に生きるフランチェスコに深く傾倒し、かれをアッシジにとってかけがえのない存在として尊敬していた。権力の行使をめぐって司教と対立していたが、長官もまた信仰者の一人であった。

多くの人々の見守る中で二人が広場で対面すると、かつて吟遊詩人の王と呼ばれ、今はフランチェスコの弟子になっているパチフィコが、フランチェスコが作った賛美の歌を聴いてくれるようにと懇願した。二人の弟子がフランチェスコが作った『太陽の賛歌』に曲をつけて歌った。

『太陽の賛歌』は、すでに一二二四年の秋に作られたものである。フランチェスコは、司教と長官の和解のために、この賛歌に新たに次のような「ゆるしと平和」の二節を付け加えていた。

私の主よ、あなたは称えられますように、
　あなたへの愛のゆえにゆるし、
　病と苦難を
　耐え忍ぶ人々のために。

平和な心で耐え忍ぶ人々は
　幸いです。
その人たちは、
いと高きお方よ、
あなたから栄冠を受けるからです。

このくだりにくると、司教と長官は互いに歩み寄り、抱擁し合い、ゆるしを求め合った。氷が太陽の光を受けて溶けるように、二人の心にわだかまっていた憎悪と復讐の念は消えていたのである。司教は、自らの取った態度は宗教家として、また信徒を司牧する責任者としてふさわしくなかったことを詫び、長官もまた自らの非を謝罪した。

アレッツォの悪魔

伝記の中に、アレッツォの悪魔の逸話がある（『第二伝記』一〇八番、『大伝記』第一部第六章九番）。ある時フランチェスコは弟子と共に、アッシジとフィレンツェの間にあるアレッツォの町に立ち寄った。町に近づいてみると、町には内乱が起こり、殺戮と暴行のために、市民は恐怖におののいていた。町の外から眺めると、町の上空で多くの悪魔が狂喜して踊り、市民たちが互いに殺し合うように仕向けているが見えた。

そこでフランチェスコは、一緒にいた弟子のシルヴェストゥロを呼んで、城門の前に行き、悪魔たちに神の名をもって町から出るように命じるように言った。弟子は門の前に行って、神とフランチェスコの名前で、町から出て行くよう命じた。すると、悪魔は姿を消し、町にはすぐに平和が戻った。市民たちは法律の改正のことで互いに争っていたのであるが、悪魔たちが追い払われると、かれらは平静を取り戻し、平和と協調のうちに法律を改正した。

このエピソードはフランチェスコが平和のために

アレッツォで悪魔払いを命ずるフランチェスコ　ジョットー筆

尽力したことを物語るものである。中世の伝記作家たちは、このように、人間の心に潜む憎しみと争いの衝動を悪霊として描いている。フランチェスコは人々に接し、語ることによって、かれらの心から憎しみや争いの衝動を追い払い、かれらに平和の尊さを理解させ、その心の中に平和への熱望を生まれさせたのである。

フランチェスコは平和の人といわれる。かれは次のように述べている。「私は主イエス＝キリストにおいて忠告し、戒め、勧める。兄弟たちはこの世をめぐる時、争ったり、口論したり、他人を裁いたりせず、小さき者にふさわしく、柔和で、平和をもたらし、慎み深く、温和、謙遜であり、すべての人に対して、礼儀正しい言葉を用いて話すように」と（『勅書によって裁可された会則』第三章）。

かれは平和を説き、その実現のために尽力した。狼と対話した逸話、アレッツォで悪魔を追い出した話、アッシジでの司教と市の長官との和解の言い伝えは、このようなフランチェスコの平和への願いと努力を証ししている。かれと弟子たちは、「この家に平和があるように」、また「主があなたに平和を与えてくださいますように」という言葉を挨拶としていた（『勅書によって裁可された会則』第三章、『遺言』）。この挨拶の言葉はキリスト自らが教えたものである、とフランチェスコは遺言の中で述べている。

『三人の同志の伝記』は、フランチェスコが常に平和を大切にしていたことについて、次のように述べている。「かれが証言しているように、《主があなたに平和を与えてくださいますように》という挨拶を主の啓示によって知った。したがって、説教する時には、その話の始めに人々に向かって平和の宣言をもって挨拶した。……神の人は《平和と善》という挨拶の後で平和を宣言した」（『三人の同志の伝記』二六番）。「平和と善」（Pax et Bonum）という言葉は、現在でもフランチェスコの精神で生きる修道者や信徒の間で挨拶の言葉として用いられている。

平和を願うフランチェスコの心は、その弟子たちや「償いの兄弟・姉妹の会」の会員によって受け継がれた。償いの兄弟・姉妹の会の会則は、後述するように、かれらが武器を執ること、封建君主へ忠誠を誓うことを禁じている。このような忠誠は人々に戦闘に加わることを義務づけていたからである。この会則は、フランチェスコが直接書いたものではないにしても、そこには平和を願うかれの息吹が感じられる。このように、フランチェスコの心を受け継いだ人々は、平和の推進者となり、キリストの福音の教えに基づいた愛と平和の掟の復興を目指したのである。

「平和の祈り」

二〇世紀になって、フランチェスコの精神に基づいて作られた、作者不明の「平和の祈り」は、かれの平和への願望をあますところなく表している（堀田雄康『平和の祈り』第三回フランシスカン研究公開講座—一九八七—一—五三ページ、Frieder Schulz, Das sogenannte Franziskusgebet, in : Jahrbuch fuer Liturgik und Hymnologie 13［1968］39-53）。第一次世界大戦当時に人類の和解を願って北フランスで作られた「平和の祈り」は、当初は短いものであったが、その後数多くの国の言葉に翻訳され、使用され、このような経過の中で、現在の形に発展した。

ああ主よ、
　私をあなたの平和の道具としてください。
私を、
　憎しみのあるところに愛をもたらす者としてください。
　争いのあるところに赦しを、
　分裂のあるところに
　一致をもたらす者としてください。
私に、
　理解されることよりも
　理解することを、
　愛されることよりも、
　愛することを
　求めさせてください。

私たちは、
　自ら与えるので受け、
　赦すので赦され、
　自分の身を捨てて死ぬので
　永遠の生命を得るのです。

武器と誓約の禁令

フランチェスコの理念に共鳴する男性は小さき兄弟会に加わり、女性たちはクララの共同体に迎え入れられた。これらの人々は独身者であった。このような男女のほかに、多くの既婚の男女がかれの理念のもとに生きようと願うようになった。しかし、かれらは家庭に責任を持っていた。

かれは、世俗にあってもかれの精神で生きようと願う既婚の男女のために、「償いの兄弟・姉妹の会」を作った。この会の会員はフランチェスコの精神に基づいて、キリスト者としての信仰の実践を高めるとともに、社会的な活動も展開した。この会を創設するに当たっては、フランチェスコにとっては父のような存在であり、また友人でもあり、後に教皇グレゴリウス九世となったウゴリノ枢機卿の助言と支援があったと思われる。

「償いの兄弟・姉妹の会」は、後に「聖フランシスコ第三会」、そして現在では「在世フランシスコ会」と呼ばれている。国際的な組織で、会員の数は数百万人にのぼり、日本にも支部があり、約七〇〇人の会員がいる。一九七八年、教皇パウロ六世によって、在世フランシスコ会の新しい会則が発布された。

一二二一年に、直接にフランチェスコが書いたものではないが、かれの精神に基づいて教皇庁が作成した償いの兄弟・姉妹の会の会則である『決意の覚書』が出されている。また書き物の中の二つの『全キリスト者への手紙』は、償いの兄弟・姉妹の会の会員へのフランチェスコの訓戒であったといわれている（Francis of Assisi : Early Documents I, 41, 45）。

『決意の覚書』では、宗教的な業の他に、政治や社会生活と深いかかわりを持つ事柄が盛り込まれている。こうして、キリスト者の宗教的な意識を高めるだけでなく、政治や社会生活にも大きな影響を与えることになる。

会員は武器を執ること、宣誓をすることが禁じられている。武器と誓約に関するこの禁令は、封建君主や市民共同体が勝手気ままに行う戦闘に従軍する義務から会員を解放した。したがって、この宣誓の禁令は大きな意味を持っていた。この会がヨーロッパに広がる過程で、ある封建君主たちは、この人々が自分の領内に入ることを禁じたという記録が残っている。かれらが宣誓を拒んで、戦闘行為に加わらないことを決意していたからである。

また、死後の財産の処理について遺言を書くことが命じられている。これは、遺産をめぐる肉親間の争いを避けるためであった。武器を執ることと誓約の禁止、遺言の義務は、平和を求めるフランチェスコの心を反映している。

共済基金「慈善の山」

一五世紀になると、小さき兄弟会員たちは、無利子で金を融資する共済基金「慈善の山」[*2]（モンテス‐ピエタティス）を設立して、恵まれない人々や貧しい人々の救済や福祉に努めた。これは、イタリアからフランス、ドイツにも広がっていった。この基金は、当時人々に課されていた人頭税を払うことを容易にし、また借金のために農奴になっていた人々を自由にする力となった。さらには、高利貸しの悪辣な方法に対する対抗手段でもあった。基金の管理運営に当たったのは、償いの兄弟・姉妹の会の会員であった。ここにはフランチェスコの人間を大切にする社会正義の理念が現れている。聖母の騎士社から出された拙著『フランシスカニズムの流れ』と『太陽の歌』では、モンテス‐ピエタティスを「信心の山」と訳しているが、「慈善の山」と翻訳するのが妥当である。

償いの兄弟・姉妹の会には、社会のどのような階層の人でも入ることができた。ここにも、フランチェスコが大切にしていた「すべて兄弟である」という理念が生きていた。創立当時の会員として、多くの無名の人に混じって、フランチェスコから「兄弟ジャコマ」と呼ばれたジャコマ＝ディ＝セッテソリ夫人、かれにラ‐ヴェルナ山を贈ったオルランド伯爵、グレッチオでフランチェスコのためにクリスマスを祝う準備をした土地の領主ヨハネ伯、またハンガリアの王女で、テューリンゲン公ルードヴィヒ四世の妃となり、夫の死後公爵夫人の地位と財産を放棄して、病人の介抱と貧者の世話に献身したエリザベトの名前が知られている。

この会は、歴史の経過とともに世界の各地で設立されることになる。会員には、十字軍従軍中に死去したフランスのルイ王や、ラファエロ、ミケランジェロ、ムリリョ、コロンブス、また近世ではヴォルタ、パレストリーナ、リストなどのような人々がいる。

注

＊1　プラトンおよびプラトン主義については、ヴェルナー＝デットロッフ著、坂口昂吉訳『中世ヨーロッパ神学』、南窓社、一九八八参照。

＊2　Montes pietatis。詳しくは、Lexikon fuer Theologie und Kirche, Freiburg 1961, Band 6, S. 928-929（Leihanstalten）参照。

Ⅳ　フランチェスコの人間性

クリスマスと瞑想

クリスマスの馬小屋

世界中のカトリックの教会では、クリスマスになると、教会堂の中や教会前の広場に馬小屋の模型を作り、イエス＝キリストの誕生を記念する習慣がある。小屋の中には、飼い葉桶に寝かされた赤ん坊のイエス、その側にひざまずく母マリアとマリアの夫ヨセフ、羊や牛、驢馬、イエスを拝礼する羊飼いと東方から来た三人の貴人の像がしつらえられる。この習慣は、アッシジのフランチェスコと深いかかわりを持っている。

亡くなる三年前の一二二三年の一二月、フランチェスコはグレッチオにやってきた。グレッチオはリエティに程近い山間部にある寒村である。近くには、フランチェスコが同じ一二二三年に小さき兄弟会の会則を書いたフォンテ‐コロンボがある。この会則が教皇ホノリウス三世（在位一二一六～二七）によって承認されたのが、一一月の末であったので、会則の承認から三週間ほど経った頃である。グレッチオに来たのは、そこでキリストの降誕祭（クリスマス）を祝うためであった。そこには、山の斜面に庵があり、かれは時折ここで瞑想を行っていた。

フランチェスコの伝記作者であるチェラノのトマスとボナヴェントゥラは、この時のことを伝えている（『第一伝記』八四番、『大伝記』第一部第一〇章七番）。トマスの情景描写は極めて克明である。ボナヴェントゥラは、これが新奇を求める試みと思われないために、フランチェスコがあらかじめ教皇庁に願い出て、許可を得ていたと述べている。

ボナヴェントゥラがこのように述べるのは、当時行われていた托鉢修道会論争と関係があると思われる。一三世紀の半ば、すわち『大伝記』が書かれる前に、パリ大学の一部の教授や聖職者から、小さき兄弟会とドミニコ会に対して、この二つの新興修道会の理念はイエス＝キリストの福音の教えに合っているのかどうかという疑問が投げかけられ、これを機に托鉢修道会論争が起こっていた。ドミニコ会のトマス＝アクィナスと共にかれらに対して論戦を張っていたボナヴェントゥラは、論敵に新たな攻撃の材料を与えないように、この事実について言及したと思われる。

グレッチオでクリスマスを祝うフランチェスコ
ジョットー筆

キリストの降誕を記念するクリスマスの二週間ほど前に、フランチェスコは、その土地の領主に、聖書に記されているようなベツレヘムにおけるキリストの誕生（「マタイ」一、一八〜二、一二。「ルカ」二、一〜二一）の情景を再現したいので、その用意をしてもらいたいと頼んだ。

ヨハネという名前の領主はかねがねフランチェスコを尊敬しており、二人は固い友情で結ばれていた。償いの兄弟・姉妹の会の会員であったヨハネ伯は、フランチェスコの平和の精神に従って、すでに軍事を放棄していた（『大伝記』第一部第一〇章七番）。かれは、領民と共に、フランチェスコの依頼どおり、すべてを準備した。

キリスト降誕のミサ

一二月二四日の夕暮れ、三々五々と多くの村人が蝋燭をともしたり、松明をかざしてやってきた。近くに住む小さき兄弟会士たちも集まってきた。

領主ヨハネの配慮で建てられた粗末な小屋には、祭壇がしつらえられ、飼い葉桶が置かれていた。土間には藁がしかれ、驢馬と牛がつながれていた。飼い葉桶には、フランチェスコが一二一九年に訪れたパレスティナから持ち帰った木彫りの幼子イエスの像を安置したとも伝えられている。

やがて、キリストの降誕を記念するミサが捧げられる。クリスマスという言葉は、キリストの誕生を記念するミサを意味している。助祭であったフランチェスコは、キリストの誕生の次第について述べる聖書の言葉を歌い、人間を救うために神自らが人間となり、幼子としてこの世にこられた偉大な秘義について語った。かれの心は、神が人間になるほどに自らを卑しめられたその謙りと慈愛に接して、深い感謝に満たされていた。

カトリック教会には助祭、司祭、司教からなる位階制度がある。教皇は司教の中の一人である。助祭には司祭になる過程としての助祭と生涯助祭として留まる永久助祭がいる。永久助祭職は近世においては廃止されていたが、一九六〇年代の前半に開かれた第二ヴァティカン公会議における改革の後に復活した。フランチェスコは、現代で言う永久助祭であったのであろう。

フランチェスコはこの喜びと感謝の心をそこにいた人々にも伝え、かれらと分かち合いたいと願った。かれのことばは素朴であったが、心情を吐露したものであった。フランチェスコの言葉は、聞く人の心を魅了し、深い感動で包んだ。

クリスマスのミサをこのように写実的に捧げる習慣は当時すでにあったことが知られている。この習慣が世界的な広がりを持つようになるのは、グレッチオでの深夜ミサからであろう。フランチェスコの弟子たちは、キリストの言葉を携えて、世界各地に赴くが、かれらは自分たちの師父にならってこの心温かい習慣を広めたのである。現在でも、世界中のカトリック教会では、この習慣を守り、伝えている。

フランチェスコがクリスマスを祝ったグレッチオには、その後山の斜面に修道院が建てられた。

現在この修道院には、世界各地から集められたクリスマスを祝う馬小屋を展示する小さな博物館がある。

瞑想への憧れ

一二二三年にグレッチオでクリスマスを祝ったフランチェスコは、翌一二二四年の夏、トスカーナ州のフィレンツェの東にあるラ・ヴェルナ山へ赴く。聖母マリアがこの世の生活を終わった後で神との完全な一致の中に迎えられたことを記念する八月一五日の被昇天祭から九月二九日の大天使ミカエルの祝日まで、四〇日間の断食をし、静かに祈り、瞑想に浸りたいと思ったのである。秘書役を務めていた弟子のレオとその他幾人かの弟子を伴っていた。

カトリック教会には、天使と呼ばれる、理性と意志を持ち、目に見えない精神的な者が存在するという信仰がある。天使には天使、大天使、熾天使などがいるとされている。天使たちは、神に仕え、人間を保護する使命を持っていると信じられている。ミカエルは、ガブリエル、ラファエルと共に大天使である。宗教画では、騎士の姿で描かれている。

ラ・ヴェルナ山は一二〇〇メートルほどの高さで、キュージの領主オルランド伯爵のものであった。グレッチオの領主ヨハネと同じようにフランチェスコに深い敬意を抱いていた伯爵は、フランチェスコが静かな祈りの時と瞑想を好み、大切にしているのを知り、ラ・ヴェルナ山の山頂の一角をかれとその弟子たちの祈りの場として提供していた。

新しい生き方を始めたフランチェスコは、人々に神の言葉と平和を告げる生活をするが、かれには孤独のうちに静かな祈りと瞑想に専念したいという憧れがあった。深く沈潜して、神と対面し、神に親しく語りかけ、心の奥底で神の語りかけを聞こうとしたのである。

瞑想への憧れと共に、人々と共に生き、かれらに語りかけるために世に遣わされているという強い意識を持っていた。瞑想と活動のどちらを選ぶべきかを迷い、前述したように、クララとかれの弟子のシルヴェストゥロに、神はフランチェスコがどちらの道を歩むことを望んでいるのか、示していただくよう祈って欲しいと願ったことがあった。二人は祈りと熟考の後、今は活動の道を歩くのが神の御旨であると答えた。晩年には、病気と衰弱、特に目が不自由になったために、活動範囲が制限され、ほとんど瞑想に専念するようになっていた。

この山で祈りと瞑想に浸っていた時、フランチェスコは、キリストの五つの傷をその体に印されるという未曾有の体験をするのである。ボナヴェントゥラは、フランチェスコのこの体験について、その『大伝記』の第一部の第一三章と第二部の第一章で詳細に述べている（『第一伝記』一一二番、一一五番、『第二伝記』一三五～一三八番参照）。

ラ・ヴェルナの山頂は台地になっていて、現在では教会、修道院、瞑想のための建物、巡礼者のための宿泊施設などが建てられている。当時ここには、オルランド伯爵がフランチェスコと弟子たちのために建てた庵があり、かれはここで瞑想に浸り、心の中で神と対面していた。フランチェスコが最後にここを訪れた一二二四年には、すでに質素な聖堂と修道院として使う貧しい住居があったと推定される。

キリストの五つの傷

聖母マリアの被昇天祭が来ると、フランチェスコは山頂の絶壁に面した、切り立った岩場にあるわずかな平地に作られた小屋にこもった。不思議な出来事が起こったのは、キリストの十字架を偲んで賛美する十字架称賛の祝日（九月一四日）を間近に控えたある朝のことである。かれが瞑想と祈禱に沈潜していた時、イエス＝キリストが現れた。その姿が消え去った時、フランチェスコの胸と両手両足には、イエス＝キリストの胸部と手足にあるような傷痕が刻印されていた。

カトリック教会には、聖母マリアは生涯を終えた後、肉体の腐敗を免れて、キリストが復活したのと同じように、神の特別な恩恵によって、復活体となって神との完全な一致の中に受け入れられるという信仰がある。これがマリアの被昇天と呼ばれている。

フランチェスコの供をして山に登り、その世話をしていた弟子のレオは、フランチェスコがかれに書き与えた祝福の羊皮紙に、この時のことを赤インクで次のように書き記している。「聖フランチェスコは、死の二年前に、神の母聖なる乙女マリアと大天使聖ミカエルの誉れのために、聖なる乙女マリアの被昇天の祝日から九月の聖ミカエルの祝日まで、ラ・ヴェルナ山で四〇日を過ごした。主の御手がかれの上に置かれた。天使セラフ（熾天使）を見、その言葉を受け、自分の体にキリストの傷を刻印された後、この羊皮紙の裏側に書かれている賛美の祈りを作り、かれに与えられた恵みを神に感謝して、それを自分の手で書いた。祝福されたフランチェスコが、私兄弟レオのために自らの手でこの祝福を書いた。」

『いと高き神への賛美』と『兄弟レオに与えられた祝福』が書かれているこの文書は、『兄弟レオに与えられた書きつけ』と呼ばれ、現在アッシジの聖フランチェスコ大聖堂の遺品保管室に保存されている。

かれの体に刻印された傷からはしばしば血が流れ出た、と伝えられている（『大伝記』第一部第一三章三番）。イエス＝キリストにあやかりたいというフランチェスコの願望に神が応えたといえるだろう。かれの身に起こった現象は心理学的に解明されるという見方もある。感受性の強烈な人間が何かを熱烈に願望する時、それはその人の身体に現れることがあるというのである。もし、フランチェスコに刻印された傷が上記のような心理的な現象であったとすれば、死後に意識がなくなった時、それは消滅していたであろう。

かれの死後、代理者であったエリア＝ボンバローネは、その死を知らせるために各地の管区長に宛てた手紙の中で、フランチェスコの死後、胸と手足には傷痕が残っていたと記している（Analecta Franciscana X, Quaracchi 1941, 523-528 : Helias, Epistola encyclica de Transitu s. Francisci）。また、チェラノのトマスも、同じことを証言している（『第一伝記』一一二）。

時空を越えて

フランチェスコが宗教生活を始めた時、ある人々は奇異の目で、またある者は冷笑の眼差しで眺めていた。時の経過と共に、莫大な遺産の相続を放棄し、荒廃している教会を修築し、人々に神の言葉と平和、和解の心を告げ、自ら労働して生活の糧を得るかれの姿に、人々は好意を持ち始める。それは称賛と畏敬の念となる。

やがて、フランチェスコのように生きようと志す若者たちが、かれを取り巻き始める。それは、フランチェスコを中心とする小さき兄弟会という共同体に発展する。フランチェスコのように生きたいと願う人々だけでなく、数多くの人々がかれの中に惹きつけられる何かを感じてきた。これらの人々の中には、フランチェスコと世界観や信仰を異にする者もいた。

人々を魅了するもの

イスラムのスルタンは、カトリック教会が聖地パレスティナを奪還するために十字軍を送っていた時期に、フランチェスコを友として受け入れ、遇している。現代でも、フランチェスコと信仰を共にする人々だけでなく、異なった信仰、信条を持つ人々の間で、かれは尊敬を受けている。フランチェスコの何が人々を魅了するのであろうか。

『聖フランシスコと同志たちの事跡』と『小さき花』には、弟子マッセオとフランチェスコの問答が伝えられている（『聖フランシスコと同志たちの事跡』一〇番、『小さき花』一〇章）。すでにフランチェスコの名前が人々の間で知られるようになった頃のことである。マッセオは容姿端麗で、品位があり、話術も優れ、フランチェスコと弟子たちの生活の配慮をする世情に通じた人であった。フランチェスコはこの弟子を高く評価し、信頼し、重要な仕事を任せていた。フランチェスコの遺骸はアッシジの聖フランチェスコ大聖堂の地下聖堂中央にある祭壇の後ろに埋葬されているが、それを取り巻くように、四人の弟子が周囲の壁に埋葬されている。マッセオもその一人である。

ある日、マッセオがフランチェスコに、あなたは風采が良いわけでもなく、学問があるわけでもなく、由緒ある家柄の生まれでもないのに、どうして多くの人があなたの周りに集まり、話を聞き、教えを請うのでしょうか、と尋ねたことがある。この有能な弟子に、それは私が誰よりも罪深く、人間の中で一番みじめだからだよ、とフランチェスコは答えた。そして、神はご自分の業を人々に示すために、この私をお使いになるのだよ、と付け加えた。

フランチェスコのこの言葉は、かれの日ごろの思いを言い表している。かれは自分をまったく卑しい者、何の取り柄もない者、人々の中で最低の者と考えていた。したがって、自らを小さき者と呼んだのである。これは、かれの真心から出た真情であり、かれはすべて良いものは神から賜ったものであると確信し、自らを無であると考えていた。このようなフランチェスコの考えや態度、生き方、透明な心、無我の心境、自然への慈愛、平和への燃えるような願望が人々を魅了し、かれの豊かな人間性が、理性を持たない自然界さえ惹きつけたのである。

フランチェスコ研究

高い宗教的境地に達していたフランチェスコは、すでに生前から人々の尊敬を受けていたが、死後にはかれに対する崇敬はますます強くなった。多くの伝記が書かれ、画家たちは競ってかれの姿や事跡を描いた。それは絵画の領域では常に重要なモチーフであった。ジョットー、チマブエ、ロレンチェッティなどの当時の高名な画家は、聖フランチェスコ大聖堂や他の教会にフランチェスコに関する壁画を描いている。ラファエロ、ムリリョ、グレコのようなルネサンスの画家たちの作品にもフランチェスコの姿はしばしば登場する。

ルネサンス以降、一九世紀までは、絵画の世界以外では、フランチェスコは重要視されなくなる。ヨーロッパにおける宗教改革に伴うキリスト教の分裂は大きな悲劇をもたらすことになる。一五一七年にはマルティン＝ルターとドイツの教会の相当の部分と北欧の教会の大部分がカトリック教会から分離する。その後イギリスの教会が、国王ヘンリ八世（在位一五〇九～四七）の指導のもとにカトリック教会から分離して独立したイギリス聖公会（国教会）が成立し、またカルヴァンの改革教会が作られる。こうして西欧のキリスト教はカトリック教会とプロテスタント教会に分裂する。この西欧教会の分裂の数世紀前には、ギリシアを中心とする東欧の教会が分離し、ギリシア正教を形成していた。

フランチェスコの姿もこのような西欧教会の分裂の犠牲となる。プロテスタント教会では、ピサのバルトロメオの『聖フランチェスコと主イエスの生涯の相似の書』に対する曲解もあって、かれは尊敬を受けないばかりか、一部の人々の間では憎悪の対象にさえなったことがある。現在、プロテスタント教会にはフランチェスコへの違和感はなく、むしろかれは好意をもって受け入れられ、尊敬を受けている。フランチェスコの研究者も数多くいる。

カトリックの世界では、一六世紀にアイルランド人のルカ＝ワッディング神父が『小さき兄弟会編年史』を編纂したが、その中には、不完全な形ではあるが、フランチェスコの書き物も含まれている。また、教会の歴史の研究を行い、優れた業績を残したボランディストはフランチェスコの伝記を出版している。

ボランディストとは、教会の聖人伝を学問的に研究し、出版したベルギーのイエズス会の研究者の団体のことで、創始者のイエズス会司祭ジャン＝ボラン神父の名前をとってボランディストと呼ばれる。一七世紀にアントワープで創設された。

一八世紀になるとフランチェスコに対する興味が蘇り始め、一九世紀には文学の世界で取り上げられるようになる。特にドイツとフランスでは顕著であった。プロテスタント教会の人々や、またカトリック教会と距離を置いていた学者や文学者の間でフランチェスコの研究が盛んになったことは興味深い。フランスのエルネスト＝ルナン、ポール＝サバティエ、ドイツのヨゼフ＝ゲレス（後にカトリック教会に転向）、カール＝フォン＝ハーゼなどはその代表的な人々である。

カトリック教会の中では、フランスの作家シャトーブリアン、フレデリック＝オザナムがフランチェスコについて作品を発表し、イタリアでは、ニコラ＝パピーニ神父やファロチ＝プリニャーニ神父がフランシスカン運動の源泉資料の研究を行っている。

この時期におけるフランチェスコ研究に多大の業績を残したのはプロテスタント教会の牧師で、大学の教授でもあったポール＝サバティエである。その学問的傾向は必ずしも多くの研究者から受け入れられているわけではないが、かれは近世フランチェスコ研究の父ともいえる。エルネスト＝ルナンの弟子であったポール＝サバティエは、師の言葉に触発されて、その生涯をフランチェスコ研究に捧げた。ヨーロッパ各地の図書館の古文書の中からフランチェスコの書き物やかれに関する書き物の写本を発掘し、研究した。『完全の鏡』の発見と出版はその研究の代表的な成果の一つである。

サバティエは一八九四年に、研究の成果である『Vie de S. François d'Assise』（日本語訳は『アッシジの聖フランチェスコ』）を出したが、この作品は源泉資料の研究に基づくもので、文学的にも優れ、フランスばかりでなく、他の多くの国でも読まれた。名著とも言えるこの作品は、サバティエの主観とカトリック教会に対する偏見が強かったために、教会の禁書目録に入れられた。

当時はカトリック教会とプロテスタント教会の間の公式のエキュメニズム（教会間の対話）は存在せず、不幸にして厳しい対立関係にあった。対話が生まれるのは、一九六〇年代に開かれた第二ヴァティカン公会議からである。サバティエは、この作品の著述の後も、約四〇年間フランチェスコ研究に従事している。プロテスタント教会における現代の著名なフランチェスコ研究家としては、スイス人のフリーダー＝シュルツ牧師の名前が知られている。プロテスタント教会におけるフランチェスコへの敬愛、かれに関する研究は、カトリック教会とプロテスタント教会の間の対話に寄与しているといえよう。

ポール＝サバティエと同時代の伝記作家としては、特にヨハネス＝ヨルゲンセンを挙げることができる。デンマーク人のヨルゲンセンは、二〇世紀の初頭、フランチェスコに関して優れた作品を著述し、多くの国の言葉に翻訳された。かれの著作は、著者の信仰に基づいて、カトリック的立場から書かれている。

二〇世紀の中期から後期にかけても、多くの研究家や作家が、フランチェスコについての研究書や文学作品を発表しているが、その数は枚挙に暇がないほどである。

日本への影響

日本でも、大正から昭和にかけて、思想界や文学界で、フランチェスコへの関心が高まった。かれが日本の知識界に紹介されるのは、先に述べたポール＝サバティエやヨハネス＝ヨルゲンセンの影響にもよるものであった。フランチェスコに接したこれらの有識者たちは日本の精神風土の中で育った者であったが、かれの考え方、生き方、人間観、自然観、清貧への激しい憧憬に、違和感を覚えることなく、むしろ共感を持ったのである。

思想界においては、安部次郎が『三太郎の日記』で、倉田百三が『愛と認識との出発』で、西田幾太郎が『善の研究』で、大沢章が『永遠を刻む心』で、堀米庸三が『正統と異端』で、西谷啓治が『宗教とは何か』で、フランチェスコについて取り扱い、下村寅太郎は『アッシシの聖フランシス』で、歴史哲学の立場から、フランチェスコの生涯と小さき兄弟会、時代背景と社会状況について描写している（マウルス＝ハインリッヒス『日本の思想家に見るアシジのフランシスコ』）。

文学の分野でも、アッシジのフランチェスコについての数多くの著作、伝記の翻訳がある。姉崎正治には『花つみ日記』が、有島武雄には久保正夫訳の『完全の鏡』への序文がある。久保正夫は『聖フランシスコの小さき花』、ヨルゲンセン著『聖フランシスコ』と作者不詳の『聖フランシスコの完全の鏡』を翻訳している。また黒田正利には『聖フランシスコの完全の鏡』の翻訳が、吉本一良には『フランチェスコ傳及び完全の鏡』の翻訳が、中山昌樹にはサバティエ著『アッシジの聖フランチェスコ』の翻訳がある（『日本の思想家に見るアシジのフランシスコ』）。

キリスト教信仰者の立場からフランチェスコの研究を行った者の中では、特に八巻頴男の名前を挙げることができる。八巻はプロテスタント教会の牧師であったが、フランチェスコの生涯と霊性に共感を憶え、その研究やフランチェスコの伝記の翻訳に携わっている。伝記の翻訳としては、『三人の伴侶の伝説』（大正一四年）、『アッシジの聖フランシスコ傳―チェラノのトマス・第一傳記』（昭和一六年）がある。またフランチェスコに関する著作としては、『アッシジの聖フランシスコの生涯の抒情詩』（昭和一九年）、『アシジの聖フランシスコ』（昭和二四年）がある。

八巻は、牧師としてまた教師として長崎に滞在していた時、アウシュヴィッツで身代わりの死を遂げたマキシミリアノ＝コルベ神父（一八九四～一九四一）と親交を結び、長年翻訳などの面で、神父の出版活動に協力した。また、経済的にも援助を行った。フランチェスコの現代における弟子の一人であったコルベ神父との出会いのきっかけは、かれが行っていたフランチェスコ研究であった。コルベ神父と出会った数年後には教職と牧師職を辞し、カトリック教会に転向し、その後もフランチェスコの研究に生涯を捧げている。

日本の宗教者の間で

近年になって、日本の宗教界で、フランチェスコに対する関心が高まっている。これは、一九八六年に「世界平和の祈り」が催されたのをきっかけに起こったものである。この祈りは、平和の熱愛者フランチェスコの生誕と逝去の地であるアッシジで、世界の諸宗教の代表一〇〇人が集まって、行われた。この「世界平和の祈り」はその後も続けられ、比叡山では二度開催されている。

アッシジでの「世界平和の祈り」に参列した高山寺の葉山阿闍梨の発案で、フランチェスコとの絆を保ち、深めるために、一九八六年、かれが眠るアッシジの聖フランチェスコ大聖堂と京都の高山寺との間に精神的提携が締結された。その後、一九九七年には、天台眞盛宗が同じように同大聖堂と精神的提携を結んだ。二〇〇〇年には、三者の間の提携が天台眞盛宗の総本山西教寺（明智光秀の菩提寺）で行われた。

京都の高山寺を開基した明恵上人（一一七三〜一二三二）はフランチェスコと同時代に生きた人である。明恵上人は、幼い時に両親に死に別れ、高尾の神護寺の文覚に師事、一六歳で奈良の東大寺で受戒して正式の僧となり、ここで華厳学（華厳経の思想）を研究した。三四歳の時、高尾の奥地の栂尾の地を寄進され、そこに高山寺を建立して、華厳経による仏道の道場とした。著書に、『華厳修禅観照入解脱門義』および『摧邪輪』がある。

明恵上人は人々の精神的安寧のために生き、自然をこよなく慈しんだ。フランチェスコが小鳥や動物に語りかけたように、上人も小鳥に説法したといわれている。両者の生涯には共通するものが見られる。

天台眞盛宗の開祖である眞盛上人（一四四三〜九五）は、フランチェスコや明恵上人の時代から約二五〇年後の一五世紀に生きた人である。上人は、戦乱の時代に多くの人々に念仏を勧め、人々の救済と平和を祈った。また、清貧の生活に徹し、人々特に弱い立場にある者に慈悲の心をもって接した。眞盛上人が実質上眞盛宗を始めたのは文明一八（一四六八）年であるが、この宗派は明治初期には天台宗眞盛宗派と名のり、一九五一年以降は天台眞盛宗と公称している。

歴史学者の牧野信之助は、眞盛上人についての著述『眞盛上人御伝記集』の中で、上人とフランチェスコの生き方が似ていたことを次のように述べている。「武士、庶民、同僚らに与えた熱烈な影響力は、上人の慈愛が動物にまで及んだ多くの逸話とともに、これを外国に目を転ずれば、アッシジの聖フランチェスコをこの国のこの世界に移して見る思いにかられる」（『眞盛上人御伝記集』昭和五年版、一一ページ）。牧野も、大正から昭和にかけて思想界と文学界で注目されていたアッシジのフランチェスコについて関心を寄せていた一人であったのであろう。

眞盛上人の自然とのかかわりについては、次のようなエピソードが伝えられている。西教寺の周辺で騒乱の時、上人の留守中に、比叡山の手の白い（神聖なことを表す）猿が上人の代わりに念仏を唱えて平和を祈った。また、越前の武将であった朝倉貞景に説法した時には、捕らえられていた鷹を解放させた。鷹は上人が帰る時、長い間ついて来て見守り、上人は鷹に念仏を授けたという。また上人が旅行中、暴れ馬と出くわした時、上人の優しい表情に馬は静かになったばかりか、ひざまずいて念仏を受けたと伝えられている。江戸時代の名僧で、臨済宗の沢庵は、眞盛宗の総本山西教寺を訪れた時、「水鳥樹林みな念仏」と詠んで、眞盛上人の念仏は自然や鳥たちも喜びに輝いて、調和していることを称えた。

無我と清貧、人間愛と自然への慈愛、人々の精神的幸福と平和を念願して生きたアッシジのフランチェスコの姿に多くの日本人は共感を覚えるのである。このようにフランチェスコは、世紀を超えて、信仰、信条、国籍、人種の相違を問わず、常に人々を魅了し続けている。

無学な者の叡智

「無知で無学な者」

フランチェスコは自らを「無知で無学で、愚かな者」と呼んでいる（『全兄弟会にあてた手紙』三九、『遺言』一九）。書き残したものや伝記作家たちが伝えているものを読むと、かれがキリスト教の秘義についての深い洞察を持ち、優れた宗教心の持ち主であったことがわかる。また、人間を観察する鋭敏な能力の持ち主でもあった。これは、かれが『訓戒』の中で語っている、素朴であるが、含蓄にとんだ言葉からも読み取れる。

かれは、哲学および神学を体系的に学んだのでもなければ、他の高等な学問をしたわけでもなかった。もちろん、当時隆盛しつつあったスコラ学派の哲学や神学に触れていたわけでもない。フランチェスコの書き物における宗教的用語、特に手紙の中で用いられている言葉は、スコラ神学的であるよりも、教父神学の雰囲気を持っている。

キリスト教の初期から八世紀ごろまでのキリスト教の神学の学風は教父神学と呼ばれる。この教父神学に功績のあった学徳優れた者を教父（Patres）と呼んでいる。西欧教会の教父はラテン教父（アウグスティヌス、アンブロジウス、ヘロニムスなど）、東方教会の教父はギリシア教父（バジリウス、ナジアンズのグレゴリウス、アタナジウスなど）と言われる。

一一世紀の末頃からスコラ学と呼ばれる神学理論が生まれてくる。教父神学が実証的傾向を持つのに対して、スコラ学は思索的傾向を有している。一三世紀の最盛期になると、トマス＝アクィナス、ボナヴェントゥラらのような優れた学者が現れる。スコラ神学における最も優れた学者といわれるトマスは、スコラ学にギリシアの哲学者アリストテレスの哲学理論を導入した。スコラ神学は初期、最盛期、後期に分けられ、初期の代表的存在は、スコラ神学の祖ともいえるカンタベリーのアンセルムスであり、最盛期を代表するのはトマス＝アクィナス、ボナヴェントゥラ、アルベルトス＝マーニュスである。後期を代表するのは、ヨハネ＝ドゥンス＝スコートスやウィリアム＝オッカムである。

フランチェスコは商人として生活していく上での、いわゆる読み書きと算盤を学んだだけであった。自筆の書き物を見る限り、当時のヨーロッパの文化的公用語であったラテン語の知識も高いとは言えない。しかし、ほとんどの庶民が読み書きができなかった当時としては、知識階級に属していたとも言えよう。

組織的に神学を学ばなかったにもかかわらず、かれが書き残したものには、キリスト教の信仰についての正統な理解と高遠な洞察が随所に見られる。それは信仰を生きるという体験から得たものであろう。ボナヴェントゥラはフランチェスコについて次のように述べている。「かれは、ことばたくみではなかったが、知恵に満たされて、難しい問題を説明し、隠れた物事を明るみに出すのであった。また、聖なる人が、聖書の理解を神から受け取っていた、といっても怪しむ必要はない。キリストの完全な模倣によって、かれはそこに書き記された真理を実践し、聖霊の豊かな塗油によって、自分の心の中に師を持っていたのである」（『大伝記』第一部第一一章二番。『第二伝記』一〇二番も参照）。

フランチェスコにとって、十字架、すなわち十字架が表す神の謙りと人間に対する限りない慈愛についての観想こそ、知識と信仰の秘義の理解の源であったと言える。ある時、弟子の一人にかれは次のように言っている。「わが子よ、もはや何もいらない。なぜなら、十字架につけられた貧しいイエスを知っているからです」（『第二伝記』一〇五番）。

小さき兄弟会の初期にフランチェスコが弟子たちを教育するに当たって、何を教材に用いていたかということについて、ボナヴェントゥラは次のように伝えている。「かれらはキリストの十字架という書物を持ち、たえずキリストの十字架について語り続けるかれらの師父フランチェスコのことばと手本に従って、昼も夜もこの書物を研究した」（『大伝記』第一部第四章三番）。この事実は、信仰に生きるフランチェスコの姿を浮き彫りにしている。

フランチェスコの書き物

人々に語る時、フランチェスコは、庶民が理解できる、素朴で平易な言葉を用いた。弟子たちにも、そのようにするよう勧めて、次のように述べている。「その同じ兄弟たちに、私は戒め、勧める。説教する時には、熟慮した純潔な言葉で、……簡潔に語るように」と（『勅書によって裁可された会則』第九章）。自らを無知、無学で愚かな者と呼んだフランチェスコは、三〇に近い書き物を残している。ほとんど、かれが口述したものを他の者に書き取らせたものであるが、フランチェスコの自筆によるものもいくつかはある。

自筆のものとごく少数のものを除き、かれの書き物に他の人々の手が入ったことは明らかである。特に会則起草においては、法制と組織の面で専門家がかかわっているし、使用されているラテン語も、ある部分では有識者の会員によって流麗なものに手直しされている。他方、『ある管区長への手紙』のように素朴なラテン語で書かれているものも残っている。この手紙は、フランチェスコの心情をもっとも良く表しているものの一つで、弟子たち、特に過ちに陥った者への細かい心遣いが見られる。またこの手紙の中に見られるフランチェスコの「逆説的霊性」は注目に値する。すなわち、他者が良い人間となるように（原文では「かれらがもっと良いキリスト者であるように」）望むのは、しばしば自らの置かれた状況を快適にすることを目指している場合がある。これは他者の向上よりも、問題が起こるのを回避し、すべてが平穏無事であることを望む自我の欲求を優先しているので、それは自我の追求に過ぎない。したがって、このような利己的な望みを持ってはならない、というのである。

またフランチェスコが口述したものを即時ラテン語に翻訳したものもある。さらには、ラテン語は滑らかにされているが、フランチェスコの詩的な表現を残している部分もある（『勅書によって裁可された会則』第六章、第一〇章）。

フランチェスコは一二二六年に亡くなっているが、一二三九年にはすでにかれの書き物の多くが一冊の本に纏められていた。現在は写本があるのみで、原本は残っていない。書き物の一番古い写本は、アッシジのサクロ‐コンヴェント（アッシジの聖フランチェスコ大聖堂付随の修道院）の古文書館に保管されているアッシジ写本三三八と呼ばれるものである。この写本が一二三九年には成立していたのは確実とされている。

次に掲げるものは、書き物の一覧である。これは、現代の優れたフランチェスコ研究者であるドイツ人のカエタン＝エッサー神父が長年の研究の末に発表したものである。フランチェスコの書き物の写本は莫大な数に上っている。時代と共に、写し間違いや故意な書き換えも見られるようになった。エッサー神父はこれらの写本を綿密に比較研究し、より原本に近いと思われるものの復元を試み、一九七八年に出版した。イタリア人のボッカリ神父も、一九七六年に写本研究に基づくラテン語原文を出版している（Ioannes Boccali, OFM, Textus Opusculorum s Francisci et s. Clarae Assisiensium variis adnotationibus ornatus, Assi 1976）。ボッカリ神父は、フランチェスコの書き物と共に、クララの書き物も出版している。

本書に掲げるフランチェスコの書き物の日本語の題名は、庄司篤神父がエッサー神父の批判本に基づいて翻訳した『アシジの聖フランシスコの小品集』（聖母の騎士社　二〇〇〇）に基づくものである。

訓戒の言葉
太陽の歌
兄弟レオに与えられた書きつけ
聖アントニオへの手紙
聖職者への手紙　一
聖職者への手紙　二
長上への手紙　一
長上への手紙　二
全キリスト者への手紙　一
全キリスト者への手紙　二
兄弟レオへの手紙

ある管区長への手紙
全兄弟会にあてた手紙
民の支配者への手紙
神への賛美の励まし
主禱文についての釈義
聖女クララに与えられた生活様式
勅書によって裁可されていないもう一つの会則の断片
全時課に唱えられるべき賛美
主の御受難の聖務日課
十字架上の主の御前で捧げられた祈り
勅書によって裁可された会則
勅書によって裁可されていない会則
隠遁所のために与えられた規則
幸いな処女マリアへの挨拶
諸徳への挨拶
遺言

聖女クララに書き送った最後の望み

書き取られた文書

書き物の収集と研究

書物を書こうという意図はフランチェスコにはなかった。会則や手紙、訓戒の言葉、祝福などがその死後集められたものである。最初に誰がこのような作業をしたのかは知られていない。前述したように、原文はなく、写本が残っているだけである。最初の写本は、先に述べたように、一二三九年までに成立したアッシジ写本である。この写本は一番重要で、第一級史料であるが、この中にフランチェスコの書いたものすべてが含まれていたわけではない。その後、数多くの写本が製作された。

書き物の大部分は、先に述べたように、フランチェスコの自筆によるものではなく、書き取らせたものであるが、自筆によるものもある。『勅書によって裁可されていない会則』と『勅書によって裁可された会則』は、当初からラテン語で書かれているが、他のものはほとんど、フランチェスコが当時のウンブリア地方の言葉で口述したものを、学識のある弟子たちが、当時の書き言葉であったラテン語で書き記したものである。かれの自筆によるものはラテン語で書かれている。これらの自筆の書き物は、フランチェスコのラテン語の知識を知る上で、貴重な資料である。

フランチェスコの書き物を纏め、印刷物として最初に刊行したのは、すでに述べたようにアイルランド人の会員ルカ＝ワッディング神父である（ルカ＝ワッディング『小さき兄弟会編年史』［Annales Minorum］）。一六世紀にこのような事を行ったワッディングの業績は高く評価されうるであろう。しかし、その中にはフランチェスコの作品でないものも多く含まれていた。一九世紀には、前述したように、イタリア人のニコラ＝パピーニ神父とファロチ＝プリニャーニ神父がフランチェスコの書き物の学問的研究を試みている。

現代のフランチェスコ研究　一九世紀の後半から二〇世紀にかけて、フランチェスコの書き物の研究は大きな進歩を遂げる。その先駆けとなったのは、前述のポール＝サバティエである。サバティエは、二〇世紀の初めに研究の成果を発表したが、かれの著作は、フランチェスコに関する興味を喚起するとともに、そのフランチェスコ観は大きな論議を生んだ。かれの考えには、フランチェスコをプロテスタント教会の先駆者として位置づけているところがある。研究者の中には、サバティエの学問的業績には敬意を表したが、かれの描くフランチェスコの姿は歪曲されていると批判する者もいる。その反カトリック的立場からのフランチェスコ観は、カトリックの研究者から批判された。いずれにしても、サバティエは現代のフランチェスコ研究の祖といえる。また、かれのフランチェスコ研究と著作は、フランチェスコ観と学問的傾向に対しては賛否両論があったとはいえ、その後の研究者に大きな刺激を与えた。

同じく二〇世紀の初めに、二人の研究家がフランチェスコの書き物を刊行した。フランスのレオナール＝レンメンス神父とドイツ人ハインリヒ＝ベーマー教授である。二人の研究家は、数多くの写本を比較研究し、フランチェスコの書き物のラテン語原本を出版した。

二〇世紀の後半には、第二ヴァティカン公会議の精神を汲んだ「原点に帰る」という歩みの中で、フランチェスコの書き物や初期フランシスカンの姿を伝える源泉資料の研究が盛んに行われるようになった。研究家の中では、特にドイツ人のカエタン＝エッサー神父が優れた業績を残している。かれはその生涯のほとんどを、フランチェスコの書き物と初期フランシスカンの源泉資料の研究に捧げた。

前述したように、神父はこれまでに知られていた写本とかれ自身が発掘した写本を綿密に研究し、各写本における文節や言葉の差異を比較し、より原典に近いものを復元しようと試みた。その成果がラテン語原典の『アシジの聖フランシスコの小品集』（Caietanus Esser, Opuscula Sancti Patris Francisci Assisiensis, Grottaferrata 1978）である。なお、この小品集の刊行に先立ち、原典を復元するまでの緻密な研究を、『アシジのフランシスコの著作集—原文に基づいた出版』（Kajetan Esser OFM, Die Opuscula des hl. Franziskus von Assisi. Neue textkritische Edition, Grottaferrata 1976）として発表している。

エッサー神父によるラテン語原本に基づいて、フランチェスコの書き物は種々の言語に翻訳されている。最近新しい英語訳がなされたが、この訳は若干のものを除き、エッサー神父の出版したラテン語原文に基づいている。先に挙げたフランチェスコの書き物の日本語訳は、エッサー師が復元したラテン語原本に基づいて庄司篤神父が行ったものである。

V　晩年のフランチェスコ

「太陽の賛歌」

ラ-ヴェルナ山で体にキリストの五つの傷を受けた頃から、フランチェスコは精神的にも肉体的にも大きな苦しみを体験する。これは二年後の死の時まで続くことになる。かれは生来虚弱な体の持ち主で、健康には恵まれていなかった。ペルージアとの戦争で捕虜になり、一年以上の捕囚生活を送ってからは、ますます健康状態を悪くしていた。

サン-ダミアノの庵で

青年時代からマラリアを患い、エジプトから中東に旅して以来、トラコーマに罹り、激しい目の痛みを覚えるようになっていた。視力は落ち、晩年にはほとんど失明に近かった。長年の粗食と厳しい断食は、胃と腸に潰瘍を起こさせていたようである。さらに、肺結核、脾臓病を患い、貧血と水腫症に苦しんでいた。一九七九年にフランチェスコの遺骸が医学的に調査されたが、調査結果は、かれが数多くの病気に罹っていたことを明らかにしている。晩年には、歩くこともできないほどに衰弱していた。

種々の肉体的病気に加えて、精神的苦悩がフランチェスコの苦しみを大きくしていた。自ら創立

サン－ダミアノ教会

した小さき兄弟会は、すでに初期の頃の素朴で、おおらかな集まりではなく、規則や制度を備えた、大きな組織体となっていた。急速に発展し、ヨーロッパ各地に広がり、中東や北アフリカでも活動していた。地方ごとに管区に分割され、管区長が会員の指導に当たっていた。入会してくる会員をフランチェスコが直接指導することは不可能であった。

急速な発展とともに、想像もしていなかったような種々の問題も起こっていた。初期の頃は、会員の仕事は、伝道以外は手仕事であったが、次第に知識階級の者が入会し、教皇庁の指導に基づいて、学問が奨励され、会員たちは種々の活動に従事するようになる。会員の増加と活動の多様化は、生活様式に変化をもたらした。簡単な手仕事に携わるよりも、研究や教授、教会の司牧に携わる会員が増えていった。住居である修道院も、初期の粗末な建物に代わって、多数の会員が住むことができる大きなものが建てられるようになった。大きな建物には調度品も整えられる。

小さき兄弟会の目に見える発展と肥大化は、時には生活の弛緩を生じさせることもあった。会員の中には、フランチェスコが目指した生活と矛盾する生き方をする者もいた。彼の心は痛んだ。『全兄弟会にあてた手紙』や『遺言』において、かれはこれらの会員について言及し、正しい道を歩むよう厳しく戒めている。若い頃のフランチェスコは、人間の善性を信じ、他の者たちも自分と同じようなものと考えていたようである。しかし、様々な体験から人間の精神が脆《もろ》いことを実感し、このような楽観主義は希薄になる。特に晩年にはそれが強くなっていくようである。弟子たちに正しい道を歩かせるためには厳しさも必要であると痛感したのであろう。

このような肉体的苦痛と内面的な煩悶の中で、フランチェスコは、十字架からキリストの声を聞き、かれ自らが最初に修復したサン－ダミアノ聖堂の側で、クララと修道女たちの看護を受けることになる。修道院のかたわらには、フランチェスコとかれの身の回りの世話をする弟子たちのために粗末な小屋が建てられ、かれはそこに病躯を横たえていた。一二二四年の後半のことであると考えられる。クララを始め修道女たちは、献身的に精神的師父の看病に当たる。霊的な娘たちの看病と世話を受けながらも、フランチェスコの心身の苦痛は和らげられることはない。一日一日が暗黒の夜のようであった。光を失った目は、明るい太陽の光も、紺碧の空も、長年慈しんできた草木や動物の姿を、最早見ることはできなかった。

「被造物の賛歌」とも呼ばれる『太陽の賛歌』を詠むのは、このような精神的な闇夜の中にあった時である。それは明るい、喜びと希望に満ちた、神への賛美の歌であり、天性の詩人フランチェスコの真情と感性を余すことなく吐露している。なぜこのような時に、『太陽の賛歌』が詠まれたのであろうか。このような時であるからこそ、かれは神の偉大さと慈愛に感動を覚え、その業である自然界に思いを馳せて、このような賛歌を歌うことができたのではないだろうか。

神への賛美の歌

フランチェスコは、普段用いていた中部イタリアのウンブリアの言葉で次のように詠っているが、古くからラテン語訳も伝えられている。

いと高い、全能の、善い主よ、
　賛美と栄光と誉れと、
すべての祝福はあなたのものです。
いと高いお方よ、
　このすべては、あなただけのものです。
だれもあなたの御名を

呼ぶにふさわしくありません。

私の主よ、あなたは称えられますように、
すべてのあなたの造られたものと共に、
わけても兄弟である太陽卿と共に。[*1]
太陽は昼であり、あなたは、
太陽で私たちを照らします。

太陽は美しく、
偉大な光彩を放って輝き、
いと高いお方よ、
あなたの似姿を宿しています。

私の主よ、あなたは称えられますように、
姉妹である月と星によって。
あなたは、月と星を

天に明るく、貴く、
美しく造られました。

私の主よ、あなたは称えられますように、
兄弟である風によって。
また、空気と雲と晴天と
あらゆる天候によって。
あなたは、これらによって、
ご自分の造られたものを
扶け、養われます。

私の主よ、あなたは称えられますように、
姉妹である水によって。
水は有益で謙遜、
貴く、純潔です。

私の主よ、あなたは称えられますように、
　兄弟である火によって。
　あなたは、
　火で夜を照らされます。
　火は美しく、快活で、
　たくましく、力があります。

私の主よ、あなたは称えられますように。
　私たちの姉妹である
　母なる大地によって。
　大地は、私たちを養い、治め、
　さまざまな実と色とりどりの草花を
　生み出します。

私の主よ、あなたは称えられますように。
　あなたの愛のゆえに赦し、

病と苦難を
耐え忍ぶ人々によって。

平和な心で耐え忍ぶ人々は
幸いです。
その人たちは、
いと高いお方よ、あなたから
栄冠を受けるからです。

私の主よ、あなたは称えられますように、
私たちの姉妹である
肉体の死によって。
生きている者はだれでも、
死から逃れることはできません。

大罪のうちに死ぬ者は

不幸です。
あなたの、いと聖なる御旨のうちにいる人々は
幸いです。
第二の死が、その人々を
そこなうことはないからです。[*2]

私の主をほめ、称えなさい。
主に感謝し、
深くへりくだって、主に仕えなさい。

「中世のオルフェウス」

『太陽の賛歌』は、自然と超自然、明朗と煩悶、歓喜と苦痛、剛毅と優美によって織り成されている。そこに感傷めいたものは読み取れない。それは自然のあるがままの姿をうたい上げる抒情詩である。フランスのカトリック作家フレデリック＝オザナムは、この賛歌の作者フランチェスコを「中世のオルフェウス」と呼んでいる。

詩句を読み流すだけでは、ただの汎神論的な自然賛美の詩と解されないこともない。しかし、これは宗教詩であり、何よりも自然の中で、自然を通して、自然と共にうたいあげられた、神への賛

美の詩である。それはまた、万物の名において、一人の人間が心の奥底から捧げた祈りである。フランチェスコを「キリスト以来ただひとりの完全なキリスト者、第二のキリスト、キリストの完全な写し」と呼んだエルネスト＝ルナンは、この賛歌を聖書以来のもっとも美しい宗教詩と述べている（オメル＝エングルベール著、平井篤子訳『アシジの聖フランシスコ』創文社、一九六九、一五および一六ページ）。

フランチェスコは、求道の人であると共に、詩人である。神の吟遊詩人とも呼ばれる。この『太陽の賛歌』以外にも、かれが書いたものには、随所に詩情豊かに語るその姿が見られる。

日常語による詩歌

フランチェスコの書き物は、少数の例外を除き、素朴な中世ラテン語で書かれている。『太陽の賛歌』は、かれの生地アッシジとその周辺のウンブリア地方で使用されていた当時の日常語で書かれている。フランチェスコが日頃用いていた言葉である。この言葉は、ラテン語と現代イタリア語の中間に位置する古いイタリア語ともいえるものである。イタリア半島で、文学作品が公用語のラテン語ではなく、日常語で書かれるのは、フランチェスコから約百年後のダンテの時代からである。したがって『太陽の賛歌』は、イタリアの文学史においても重要な位置を占めているといえる。

この賛歌は、明るい陽の光、ぬけるような青空、清冽な水、緑の山野が生み出したものである。

イタリアは燦々と降り注ぐ太陽の光と美しい自然に恵まれた国である。フランチェスコの故郷アッシジは、アペニン山脈に連なるスバジオ山の山裾に静かにたたずむ清潔な町である。眼下にはウンブリアの平野が見渡せ、その彼方には優美な山々の姿が望まれる。霧の深い日には、平野と谷あいは白い海のように見え、山や丘の姿は海に浮かぶ島とも見紛うほどである。

フランチェスコは、自らを取り巻くこのような自然の美しさに魅了されたであろう。かれの自然に対する繊細な感性が『太陽の賛歌』を生み出したのである。この詩を詠んだ時、かれは病床に横たわる身であり、最早肉眼で自然の美しさを見ることはできなかった。失明していたからである。体は病苦にさいなまれ、数多くの心配事がかれの心を悩ませていた。医者からは、余命いくばくもないと言い渡されていたのである。

自然の中に神を見る

このような状況の中で、フランチェスコは心の目で自然を見つめ、歓喜と賛美、感謝の歌を詠むのである。下村寅太郎の表現を借りれば、「死の苦痛からほとばしり出た、歓喜の歌」であった（『アッシシの聖フランシス』南窓社）。フランチェスコは、自然の懐にあるすべてのものを通して、神の豊かな慈しみと恵みに対して、賛美と感謝を捧げる。西欧キリスト教の中で、これほど深く自然を愛で、親しみ、その中に入り、その中で神を感じ取り、率直に真情を吐露したのはフランチェスコが最初であろう。

かれは、太陽、月、星、火、水、大地、草木を兄弟姉妹とみなしている。太陽を、風を、火を兄弟と呼び、月、星、水を姉妹、大地を母と呼ぶのである。すべては神から創造されたからである。この詩に動物は登場しない。なぜであろうか。いずれにしても、かれの信仰によれば、すべては神から創造されたのである。この賛歌では、自然界が人間と一体となっている。かれは自然の中に神を見るのである。

フランチェスコは自然を肯定し、そこに無限なる存在者の現存を感知する。このような賛歌をうたい上げることは、自然を我が物にして搾取しようという下心を捨て、一切の所有を抛《なげう》ち、すべてを兄弟・姉妹として受け止める、真に霊において貧しい者にとってのみ可能である。

自らは心身ともに苦しみの只中にあり、眼は光を失っていても、心の眼に焼きついた、優美で力強い自然に向かって、偉大な存在者への賛美と感謝を呼びかける。その呼びかけは、万物に対する慈しみに満ち、朗々と響き渡る。

一二二四年の詩は、自然への呼びかけで終わっている。二年後の一二二六年の秋に、フランチェスコは『太陽の賛歌』に「ゆるし」と「死」をモチーフにした二節を付け加える。

すでに述べたように、ゆるしの章句は、アッシジのグイド司教と市の執政長官オポルトゥロ＝ディ＝ベルナルドとの間に起こった不和を調停した折のものであり、死を通してさえ神を賛美しなさいと呼びかける句は、自ら死の近いことを予知した時のものである。

フランチェスコは、何物にもまして愛とゆるしを力強く詠う。さらに死を肯定する。死について詠う時、そこには絶望や忌諱《きい》のかけらさえ見当たらない。死は忌むべきものではなく、見える命の終焉における同伴者、生を完成させるものであり、新たな命への門出だからである。キリスト教では、この世界の生命と来世の生命とは連続したものであり、死は新しい命の始めであると考えられている。また、宇宙が完成される時、神との一致を保っている者は、キリストが霊・肉ともに復活したように、復活するという信仰がある。かれはこの信仰の上に立って死を受け止め、受け入れた。

ウンブリアの落日

「兄弟驢馬」

キリストの教えを文字通りに生きようと切望したフランチェスコは、キリストの五つの傷をその身に印されるという、これまで例を見なかった恩恵に浴する。しかし、かれの体は著しく衰え始めていた。生来、健康には恵まれていなかった。

絶え間ない伝道旅行、厳しい禁欲の生活、小さき兄弟会で起こっている種々の問題にかかわる心労によって衰弱していた。その体を、今は病魔が蝕んでいる。すでに述べたように、かれは多くの病気を抱えていた。その病気のいくつかが進行していた。ことに眼病の痛みは激しく、眼は光を失っている。

友人であり、保護者でもあった枢機卿ウゴリノや弟子たちの勧めで、治療を受けるために、ローマの東北にあるリエティに赴くことになる。そこには、教皇庁付きの高名な医者がいたからである。フランチェスコに代わって小さき兄弟会全体の責任を持つ弟子のエリア＝ボンバローネと看病する弟子たちが供をする。フランチェスコは、自らの体を兄弟驢馬と呼んでいた（『第二伝記』一一六番、一二九番、『大伝記』第一部第五章四番、六番）。これまで粗食と難行を課してきた兄弟驢馬を今は労《いたわ》る時であると考える。

医者は、今日では野蛮とも言えるが、当時は最新とされていた、目の周囲を鉄鏝で焼くという荒療治を試みた。しかし、病気を治すことはできず、痛みを和らげることすらできなかった。病は重くなるばかりである。それでも弟子たちは、師の回復を願って、フランチェスコをシエナへ伴った。そこにも、教皇庁付きの医者がいたのである。驢馬に揺られながらのシエナへの旅は、かれの病める体をますます衰弱させた。

フランチェスコがシエナにいたのは、死去する六か月前であったと、チェラノのトマスは述べている（『第一伝記』一〇五番）。一二二六年の春である。トマスは、フランチェスコが眼病ばかりでなく、体の他の部分も病状が進んでいて、胃と肝臓の疾患が激しく、多量の血を吐くなど、死期の近いことを思わせる症状が現れたと、述べている。シエナでの治療も効果はなかった。かれの病状はますます悪化し、危機的状況を呈しつつあった。フランチェスコの容態の異変を聞いた代理者のエリアが大急ぎで駆けつけてきた。

最後の日々と遺言

『シエナでなされた遺言』を書き取らせるのはこの頃である。弟子たちは、師父の死が近いのではないかと考えて、悲嘆に暮れる。父としての言葉を残してもらいたいという弟子たちの気持ちを汲んで、フランチェスコは、ピラトロのベネディクトを呼んで、遺言の言葉を書き取らせる。互いの愛、清貧と教会への忠誠を大切にしなければならないという短い内容のものである（『小品集』の中の『書き取られた文書—シエナでなされた遺言』、『ペルージア伝記』一七番、『完全の鏡』八七番）。

やがてフランチェスコは、エリアと他の弟子たちに伴われて、故郷のアッシジへと帰ることになる。帰郷をかれが強く望んだのである。かれが他の町から奪われないように、アッシジ市は一行を警備するための兵士を派遣したといわれる。フランチェスコにとっては迷惑なことであったろう。アッシジに帰ると、病める体を司教館の一室に横たえる（『第一伝記』一〇八番）。二〇余年前に苦渋に満ちた父との断絶を行った広場は目の前に見えている。

かれは、すでにこの世を去る時が近いことを感じ、朽ちることのない世界へ向かう旅支度をととのえる。二年後にはこの世を去るということを、二年前の一二二四年に霊感によって知ったと、伝えられている（『第一伝記』一〇九）。

やがて、ただひたすらキリストに従うことを求め、神と人々への奉仕に生き、小さな者であることを願い、没我の道を歩んだキリストの忠実な騎士に死の時が訪れる。それは、かれが生涯にわたって忠誠を尽くした主君キリストのもとへの凱旋なのである。アブランシュのアンリは、『フランシスコの韻律伝記』（Henricus Abricensis, Legenda versificata, in : Analecta Franciscana X, 405-521）の中で、かれをキリストの聖なる将軍と呼び、ユリウス＝カエサルやアレクサンドロス大王にも優る英雄と称えている。

死期が迫ったことを予感したフランチェスコは、それまで滞在していたアッシジ市内の司教館から郊外のポルチウンクラの教会へ運んでくれるよう頼んだ。ここは、かれがこよなく愛し、大切にした場所である。すでに季節は、ウンブリア地方に秋の気配が漂う九月下旬である。ポルチウンクラと呼ばれる天使の聖母マリア教会こそ、リヴォトルトを追われた後、最初の弟子たちと共に、祈りと瞑想の生活、神と人々への奉仕を行った場所であり、小さき兄弟会の精神的中心地となっていた（『第一伝記』一〇六番）。

ここでは、古びた教会の壁にも、森の木にも、雑然と生えている草にも、粗末な庵にも、数多くの思い出が刻み込まれている。そこから、どれほど多くの弟子たちが、神の言葉と平和を告げるために旅立って行ったことであろう。その中には、信仰を証しするために、血を流した者もいる。すでに六年前の一二二〇年には、ベラルド、ペトロ、アックルシオ、アドユート、オットーの五人の弟子がモロッコで殉教していた。

かれは、ここポルチウンクラの天使の聖母教会で、生涯の最後の日々を過ごし、「姉妹なる死」を迎えようと望んだ。望み通り、フランチェスコはポルチウンクラの天使の聖母教会の側の貧しい修道院の一室に横たえられる。初期の弟子の中の幾人かが病床のフランチェスコに付き添い、看病と世話に当たった。

生涯の終焉を数日後に控えて、フランチェスコは、弟子たちのために遺言を書き取らせる。すでに短い遺言をシエナで書き取らせていたが、ポルチウンクラの遺言は、はるかに長文で、細かいところまで及んでいる（『遺言』）。小さき兄弟会の歴史の中で刷新と改革の原動力となるという、きわめて重要な役割を演じたこの遺言は、フランチェスコが生涯に渡って貫き通した信念の要約とも言える。小さき兄弟会の歴史の中では、幾度となく改革運動が起こっているが、小さき兄弟会が分割されるのは、この改革運動に起因している。カプチン‐フランシスコ会では、創立当初遺言を法的な拘束力を持つものとしていたほどである。

遺言の中でフランチェスコは、立法者としてではなく、父として、また霊的な指導者として語っている。遺言は法律の書でも掟の本でもない。それは弟子たちへの霊的指針の書である。この遺言は、フランチェスコの死の直前、すなわち、一二二六年九月の終わりから一〇月の初めに書かれている。そこでは、自らの生き方を決定的に変えて新しい生活を始めた頃の懐かしい思い出と弟子たちへの訓戒と奨励が交錯している。

文章は飾り気なく素朴ではあるが、その切々たる語りかけの中に、フランチェスコの心の鼓動が聞こえるようである。遺言の中でかれは、弟子たちに謙虚に、貧しく、自らの労働で生活の糧を得ながら生き、教会に対しては忠誠を尽くし、聖書とキリストの体である聖体に対して畏敬を持ち、質朴を旨とするよう諭している。

死と苦しみは姉妹

ほどなく死が訪れることを、フランチェスコは直感している。死を前にして恐怖と不安を感じない者はいない。かれも、死を考える時、本能的に戦慄を覚えたであろう。フランチェスコは、死を信仰の心で捉え、受け入れる。かれにとって、すべては神の恩恵である。自分の存在も、自然も、宇宙も。したがって、すべてのものを兄弟・姉妹として受け入れた。神のあふれるばかりの慈愛によって生じ、存在しているからである。苦しみ、病気、死さえも神の恩恵として受け入れ、苦しみと死を姉妹と呼んでいる（『第二伝記』二一七番、『大伝記』第一部第一四章二番）。

何も「自分のものにしない」ことを信条としていたフランチェスコにとって、死はキリストに従う者として生きるために選び取った清貧の最高峰であった。自分のものといえる一切のもの、体さえ取り去るからである。だからこそ、清貧の到達点としての死を、親しみをこめて「姉妹なる死」と呼ぶのである。

死を間近にして、フランチェスコは、『太陽の賛歌』に次の二節を付け加える。死をも神の賛美へ招くのである。

　私の主よ、あなたは称えられますように、

私たちの姉妹である
肉体の死によって。
生きている者はだれでも、
死から逃れることはできません。

大罪のうちに死ぬ者は
　不幸です。
あなたの、いと聖なる御旨のうちにいる人々は
幸いです。
第二の死が、その人々を
そこなうことはないからです。

死の受容

通常、死は忌むべきもの、すべてを取り去るもの、人と人との絆を無情にも断ち切るものとして受けとめられる。死を前にして、誰もが生に執着する。フランチェスコは、死についてのこのような常識的理解を超えるのである。かれは死の恐怖と戦慄を乗り超えて、それを平穏な心で受け入れる楽観主義者になる。かれを楽観主義者にしたものは、自分のためには

何もとっておかず、すべてを創造者である無限の存在者に返そうとする無所有の精神、無我の心といのちの復活への深い信仰であった。

技術文明の発展が著しい現代において、物質的生活は豊かになり、自然科学の力で人間の寿命は長くなっている。さまざまな延命装置を用いれば、見える命を引き伸ばすことができる。それでも死は確実にやってくる。どのように死を受容するかは、無視することのできない課題である。誰もが一度は対面しなければならない死という課題をどのように受け止めていくかについて、フランチェスコの死生観と死の受容のあり方は、大きな示唆を与えてくれるであろう。

ポルチウンクラへ来てから、数日が流れる。フランチェスコは、ポルチウンクラの天使の聖マリア教会に運んでくれるように頼んだ。集まっている弟子たちに、かれは父としての祝福を与える。この祝福は、そこにいる弟子たちだけでなく、世界中にいる弟子たちに、さらには、かれの精神で生きようとする将来の人々へも向けられる。ここでフランチェスコは、清純な友情で結ばれていた、かれにとっては霊的な娘ともいえる二人の女性に思いを馳せ、最後の言葉をかけたいと願う。

クララとジャコマ夫人

数キロとは離れていないところには、ボナヴェントゥラが「フランチェスコに従った人々の中の小さな若木」と呼んだクララがいる。彼女はサン－ダミアノの修道院で、フランチェスコの精神で生きようと望む女性たちと、祈りと瞑想、労働の生活を送っている。クララほど、かれの精神を会得した者はいなかったであろう。二年前、クララと修道女たちはサン‐ダミアノ修道院のかたわらの庵で、師父と仰ぐフランチェスコを看病することができた。今は、クララがポルチウンクラに行くことを、修道院の禁域が妨げている。

禁域とは、修道院で、修道者のためにのみ確保されている区域のことで、特に異性の出入りは厳しく禁じられている。クララ会、女子カルメル会、女子トラピスト会などの観想修道会と呼ばれる修道院では、修道者は特別な機会にのみ修道院の禁域外に出ることができる。中世期においては、この規則は現代よりも厳しいものであった。

フランチェスコは、クララと修道女たちの悲しみを思い、慰めと励ましの手紙を送る（『聖女クララに書き送った最後の望み』）。

遠くローマには、ジャコマ＝フランジパーニ＝ディ＝セッテソリ夫人がいる。ローマの由緒ある貴族フランジパーニの未亡人で、彼女自身がノルマンディーの貴族の血統を引く家柄の出であった。若くして寡婦となったが、夫の死後、ジャコマ夫人はフランチェスコの指導のもとに、世俗にありながら宗教生活を送り、二人の男児を育てていた。

フランチェスコはジャコマ夫人に自らの死期を知らせ、死ぬ前にもう一度自分に会いたいと思うなら、アッシジに来るように書き送らせた。使者が手紙を持って出かけようとするのと、夫人の一行が到着したのとは同時であった。彼女は、二人の幼い息子、数人の騎士と従者を伴っていた。

夫人の到着が知らされると、かれは、病床に案内するようにと指示して、言った。「兄弟ジャコマ夫人を私たちのところに送られた神は賛美されますように。扉を開けて、彼女を中に入れなさい。女人禁制の掟は兄弟ジャコマ夫人のためには守らなくても良いのだから」（『奇跡の書』三七番）。こうして、彼女はフランチェスコの病床に近づくことを許された。夫人は葬儀に必要な一切のもの、遺骸を包む灰色の布、蝋燭、顔を覆う布、枕、それにフランチェスコの好物であったという食べ物を携えていた。かれは夫人に、自分は土曜日（一二二六年一〇月三日）には召されるであろうと告げた（『奇跡の書』三八番）。

フランシスカン源泉資料の中では、チェラノのトマスの『奇跡の書』に始めて登場するジャコマ夫人の来訪についての記述は、当時少年であった彼女の長男ジョヴァンニの証言に基づいている（『奇跡の書』三九番）。ジャコマ夫人の長男ジョヴァンニは後にローマの執政官および教皇庁の貴族に列せられている。ボナヴェントゥラは『大伝記』（一二六〇～六三）の第一部第八章七番で簡単に触れている。しかし、彼女がフランチェスコの死去の時にポルチウンクラにいたことについては述べていない。ジャコマはその後アッシジに住み、死後、フランチェスコが眠るアッシジの聖フランチェスコ教会に葬られた。

現在、彼女の墓所は聖フランチェスコ教会の地下聖堂の入り口近くにあり、フランチェスコの墓所と相対する形になっている。棺には、ラテン語で「ローマの貴婦人、聖なるジャコマ夫人ここに眠る」という墓碑が刻まれている。なお、棺にはイタリア語でも、「聖フランチェスコの崇敬者、ローマの貴婦人ジャコマ＝ディ＝セッテソリ　一二三九年」[*3]と記されている。聖フランチェスコ大聖堂の下部聖堂には、葬儀用の布を携えて、急いでいるジャコマ夫人が描かれている。

フランチェスコの最期

チェラノのトマスは、フランチェスコが弟子たちと別れの儀式をした様子を詳しく伝えている。これは、死の前日に当たる一〇月二日の金曜日であったと考えられる。弟子たちが嘆き悲しんでいると、フランチェスコはパンを持ってこさせ、最後の晩餐の時にイエス＝キリストがしたように（「マタイ」二六、二六～三〇「マルコ」一四、二二～二六「ルカ」二二、一五～二〇　一コリント　一一、二三～二五）、それを裂いて祝福し、弟子たちに与えた（『第二伝記』二一七番）。

最期の日がやってくる。自らの死の時が近づいたのを知ると、弟子たちを呼び寄せ、「迫りくる死というよりは、さらに近づいて来た生命に対し、神への賛美を大声で歌うよう」、かれらに求める（『第一伝記』一〇九番）。弟子たちが歌い終わると、フランチェスコもかぼそい声で、最後の力をふりしぼって、神に憐れみを求める『旧約聖書』の詩篇一四二を歌った。まわりたたずむ弟子たちがこれに和した。

声をあげ、主に向かって叫び、
　声をあげ、主に向かって憐れみを求めよう。
御前にわたしの悩みを注ぎだし、
　御前に苦しみを訴えよう。

私の叫びに耳を傾けてください。
　私は甚だしく卑しめられています。
　迫害する者から助け出してください。

私の魂を枷から引き出してください。
　あなたの御名に感謝することができますように。
主に従う人々が私を冠としますように。
　あなたが私に報いてくださいますように。

これに続いてかれは、「太陽の賛歌」を歌うように求める。「そして、すべての者が恐れ忌み嫌う死すらもこの賛美に加わるように、自分の客として喜びをもって迎えつつ、次のように呼びかけた。

《ようこそ、よく来られた、わが姉妹なる死よ》と」（『第二伝記』二一七番）。

やがてフランチェスコは、キリストが弟子たちの足を洗った故事を伝える「ヨハネ福音書」の箇所を朗読させた（「ヨハネ福音書」第一三章）。それから、修道服を脱ぎ、粗末な下着姿にしてもらうと、むき出しの大地に横たえてもらった。こうして、「裸で裸のキリストのあとに従い」、自らが無に等しく、何も所有していない者であることを示そうとしたのである。

日は沈み、闇の帳があたりを包む。しのび寄る夕闇の中に、人々の慟哭の声が静けさを破る。かれらは、今失おうとしている人がいかにかけがえのない存在であったかを悟るのである。没我と清貧に生き、すべてのものを兄弟・姉妹と呼び、喜びに包まれ、平和を願い、自然をこよなく愛したフランチェスコは落日のごとく消えた。翌日から新たに、より明るく輝くために。一二二六年一〇月三日、四四歳であった。

喜びの葬儀

フランチェスコが亡くなったという知らせは、アッシジを始め、付近の町や村に伝わり、人々がポルチウンクラへ集まってきた。チェラノのトマスは、その夜弟子たちはこの人々と共に、祝祭に与るかのように神への賛美を歌いながら過ごした、と伝えている（『第一伝記』一一六番参照）。

朝があけると、アッシジの町から、聖職者や市の主だった人々など多くの人々がやってきた。一

フランチェスコの亡骸に別れを告げるクララたち修道女　ジョットー筆

〇月四日、フランチェスコの葬儀が盛大に執り行われた。葬列は、ポルチウンクラからアッシジの市内へ向かった。弟子たちが今は亡き師父の棺を担いでいた。人々は賛美歌を歌い、ラッパを吹き、オリーヴやさまざまな木の枝を手にして、行列に加わった。つねに謙って生きたフランチェスコは、自分のためにこのような晴れがましい葬儀が営まれていることに戸惑いを感じたに違いない。

　アッシジの町に入る前に、葬列はクララと修道女たちが祈りと瞑想の生活を送っているサン‐ダミアノ教会へ向かう。人々は、クララと修道女たちにも最後の別れをさせようとして、回り道であったが、そこにフランチェスコの遺骸を立ち寄らせたのである。かれの遺骸は、二十数年前にキリストの声を聞き、自ら修復した懐かしい教会に安置された。霊的な娘たちは、師父に最後の別れをした。やがて、行列はアッシジの町に入り、遺骸は聖ジョルジョ教会に葬られた。ここは、かれが幾度となく神の言葉を告げた教会である。

フランチェスコが亡くなった翌年、かれの友人であり、理解者であったウゴリノ枢機卿が、ホノリウス三世の後を継いで教皇となった。教皇グレゴリウス九世である。ホノリウス三世は、一二二三年小さき兄弟会の「勅書によって裁可された会則」を認可した教皇であった。

「世に出た太陽」

教皇グレゴリウス九世は、一二二八年四月二九日、フランチェスコを記念する教会を建立するという勅書を出し、同年七月一六日にはかれを聖人の列に加えると宣言した。すでに聖人の列に加える前に、教皇はフランチェスコ自身によって小さき兄弟会に迎え入れられたチェラノのトマスに、その伝記を書くよう指示していた。トマスは、一年足らずで、『アシジの聖フランシスコの第一伝記』を完成している。

没後四年して、フランチェスコの遺骸は、スバジオ山の麓の斜面、アッシジ市の西側に新しく建てられた聖フランチェスコ大聖堂の下部聖堂の祭壇の下に埋葬された。大聖堂が建立された場所は、以前は死刑執行が行われていた場所で、「地獄の丘」と呼ばれていたが、この大聖堂が建ってからは、「天国の丘」と呼ばれるようになった。

大聖堂の中への埋葬は、遺骸が盗まれるのを警戒して、秘密裏に行われたと言われている。埋葬から約六〇〇年後の一八一八年一〇月一二日から一二月一二日まで、発掘が行われた。発掘は夜間にだけ行われた。発掘の結果、祭壇の下に埋葬されたという伝承通り、遺骸が発見された。遺骸はそ

フランチェスコの墓　アッシジのフランチェスコ大聖堂の地下聖堂内

の後、特別に設えられた地下聖堂に安置された。

　さらに、一九七八年一月二四日から三月四日まで、遺骸の再確認と科学的検証が行われた。この時の調査によって、フランチェスコの身体的特徴も確認され、チェラノのトマスが『第一伝記』八三番で描写しているフランチェスコの姿と一致している。チェラノのトマスは次のように述べている。「背の高さは中位か小さい方で、頭の大きさは普通で円く、顔はやや長めでしかも中高で、額はしわがなくて低く、眼は普通の大きさでしたがぱっちりと開いており、髪の毛は黒く、眉はきりりと直線で、鼻は均整が取れて、細めで鼻筋が通り、耳は立っているが小さめで、こめかみは平でした」。

　教皇ピウス一二世（在位一九三九～五八）は、一九三九年フランチェスコをイタリアの守護の聖者と宣言し、一九七九年一一月二九日、教皇ヨハネ＝パウロ二世（在位一九七八～）は環境保護運動の保護の聖者と宣言した

（AAS 71-1979, 1509-1910の教皇勅書）。一九八六年一〇月二七日、教皇ヨハネ＝パウロ二世の呼びかけで、世界の諸宗教の代表百人が集まって、「世界平和の祈り」が行われた。信仰を異にする人々が心を開いて対話し、世界の恒久平和を祈念したのである。フランチェスコの生誕と逝去の地であるアッシジは、世界の平和を祈るためにふさわしい場所である。

国家間のまた宗教間の対立と戦争はあとを絶たない。自然を愛し、人間を大切にし、すべてのものを兄弟姉妹と呼び、対話を呼びかけ、平和を希求し、そのために尽力したフランチェスコの姿と生き方は、世界の平和と環境保護、諸宗教間の対話、この世界に住むすべての人の間における対話の実現に貴重な示唆を与えてくれる。人間の飽くなき欲望によって自然が破壊され、生命の尊厳が危機にさらされ、恐るべき破壊力を持つ武器によって人類の生存が脅かされている時、アッシジの貧者は人間のあるべき姿を示してくれるであろう。

今でもかれは、教会の中で彫像となってたたずみ、また図書館の古典や伝記の中に埋没している聖者ではなく、現代人に語りかける「世に出た太陽」（ダンテ）である。

注

＊1 庄司篤神父の翻訳では、「わけても兄弟である太陽卿と共に」（"spetialemente messor lo frate sole"）という句が脱落している。

＊2　「第二の死」とは永遠に神から断絶した状態を指す。

＊3　"HIC REQUIESCIT IACOBA SCA NOBILISQUE ROMANA"。SCAはSANCTA（聖なる）の略である。"IACOBA DA SETTESOLI NOBILE DONNA ROMANA DEVOTISSIMA A S. FRANCESCO 1239"。

＊4　『大伝記』第一部第一四章四番。『大伝記』のこの言葉は、教父ヘロニムスの書簡集の書簡五二および一二五から取られている。Hieronymus, Epist. 52, n. 5 : nudam crucem nudus sequar（裸の十字架に裸で従う）; Epist. 125, n. 20 : nudum Christum nudus sequere（裸のキリストに裸で従う）。

終　章

時を越える

フランチェスコは八二〇年前に生まれ、一二世紀から一三世紀にかけてイタリア半島で生き、行動した人である。かれが生きた時代は、文化、社会、宗教、政治の面で、現代とは著しく異なっていた。もっとも内乱や紛争、戦いが絶えないということでは、現代と極めてよく似ていたと言うことができる。

現代は、地球上のあらゆる出来事が寸時にして知れ渡る情報社会である。自然科学と技術の進歩によって、私たちはどこで何が起こっているかを容易に知ることができる。さらに私たちの時代は多様化の社会である。哲学、文化、宗教、政治の面で多様性が見られる。様々な思想や哲学体系があり、政治体制にもいくつかの形態が見られる。一部の地域を除けば、政治と宗教の間では政教分離が行われている。

中世ヨーロッパにおいては、ギリシアや東ヨーロッパ、北アフリカや中東については知られていたが、当時ヨーロッパでカタイと呼ばれていた中国やインド、南アジアは、その存在とわずかなことが知られているのみで、詳細なことはわかっていなかった。アフリカ大陸の奥地や南部、東アジア、オセアニア大陸、南北アメリカ大陸は未知の世界であった。日本の存在が知られるのは、一三世紀の末にマルコ＝ポーロが『東方見聞録』を書いてからである。アメリカ大陸の存在が知られるようになるのは一五世紀の終わりである。

当時の西ヨーロッパは、少なくとも外面上はほとんどキリスト教化し、文化もキリスト教文化であった。キリスト教ではスコラ哲学および神学が確立しつつあった。一般にカンタベリーのアンセルムスがスコラ学の祖と言われる。スコラ哲学および神学が最盛期に達するのは、一三世紀半ばのトマス＝アクィナスとボナヴェントゥラ＝ディ＝フィダンツァにおいてである。トマスは、アラビア哲学を通してヨーロッパに知られ、初めはカトリック教会からは猜疑の目で見られていたアリストテレスの哲学を自分の哲学理論に取り入れ、スコラ哲学・神学の大成に貢献した。

政治体制は、イタリア半島のいくつかの都市国家を除けば、君主政体であった。社会は厳しい階級制度による封建制度であった。ドイツを中心とする神聖ローマ帝国がヨーロッパの中心部を支配し、それを取り巻くように、イギリス、フランス、イベリア半島、北欧の諸王国が存在していた。神聖ローマ帝国に相対する形で、古代ローマ帝国の系譜を引く東ローマ帝国がギリシアを中心に周辺地域を支配していた。中東と北アフリカはイスラム教の圏内にあった。ヨーロッパにおいて、カトリック教会は宗教の側面だけではなく、政治的にも大きな力を持つようになっていた。ローマ教皇庁はカトリック教会の中心であるとともに、イタリア半島に領土を持つ世俗国家でもあった。キリスト教化していたヨーロッパの諸国に対しては道義的な面で君臨し、影響を与えていた。

他の人間と同じように、フランチェスコも時代の子であり、時代の子として考え、語り、行動し、生きた。豊かな情報が溢れ、技術が瞬間ごとに進歩する時代的感覚で、単純にかれを見、その書き物を読み、考えと行動を判断することはできない。その置かれた時代背景と種々の状況を考慮に入れた上で、見、読み、判断しなければならない。すなわち、文字の字面や表現の外面にとらわれることなく、フランチェスコの言葉や行動から、かれが現代に生きていたならばどのように語り、行動するであろうかということを読み取る必要がある。

フランチェスコの時代には、他宗教との対話、自然に対する敬意、環境保護という概念は存在しなかった。平和という考えは存在していたが、それは原始的であり、限定的なものであった。このような環境と情況の中で、かれは自然に対して尊敬と親しみを示し、イスラム圏のスルタンとの対話を試み、平和の推進と実現に努めたのである。まさにかれは時を越えた時代の子、未来に向かって語りかける預言者であったと言うことができる。

絶対的な存在への敬意

歴史の中では、豊かなカリスマ性に恵まれた宗教家が数多く現れている。かれらは自らの宗教的信念に基づいて謙虚に生き、行動し、他者への奉仕に献身する。現代でも、マハトマ＝ガンディー、アウシュヴィッツで他者のために自ら餓死監房に赴いたコルベ神父、ボンヘッファー、マーティン゠ルーサー゠キング牧師、カルカッタのマザー゠テレサなどがいる。

これらの優れた宗教的天才の生き方とは異なり、カリスマ性は備えていないが、宗教を物質的利益のために利用する者もいる。このような者は、現代のカルトの創始者の中に多く見られる。かれらは自らを絶対化し、人々への奉仕ではなく、権力や富を求める。

恐れと脅迫をもって人々を洗脳し、自分に従わせようとする。これらの人々に家族や社会からの強制的な隔離、物品の販売のための報酬なしの労働、多額の献金を強要する。自らの名誉欲、権力欲や所有欲を充足させるためには、拉致、誘拐、監禁、殺人を含む犯罪行為さえあえてするのである。前世紀の終わりに起きた日本でのカルト集団による大量殺人計画とその遂行は、記憶に新しいところである。

フランチェスコは深い宗教的体験を持ち、また高い宗教的境地に達した人であった。しかしかれは、自らを絶対化しようとはしなかった。むしろ、絶対的また超越的存在者である神の前に深く頭をたれ、自らを罪深い者、人間の中でもっとも底辺にある者と自覚し、すべての人に尊敬を払った。自らの利益を求めるのではなく、常に他者のために何をさせて貰えるかを模索していた。

万物への敬意

この世界にあるものを、フランチェスコは、すべて良いものとして受け入れた。なぜなら、すべては神が造られたものだからである。これはかれ自身の書き物や伝記の中にはっきりと現れている。かれは、当時の物質軽視、肉体敵視の雰囲気の中で、自然や物質を神が創造した善なるものと見ている。自然を兄弟とさえ呼んでいる。

現代において、自然科学の進歩には目覚しいものがあり、それは人類を病気や飢餓から解放することに大いに貢献している。しかし、人類のこの進歩が、自然を破壊するために用いられているのも事実である。快適な生活を維持するために、また開発の美名のもとに、限度を越えた資源の利用、かけがえのない自然の破壊がなされている。それはまさに、自然と資源の搾取である。

フランチェスコは書き物の中で、何度か「体」または「肉」に対して警戒し、その欲求を退けるようにと述べている。ここで言われている体または肉は、物質的な意味での体や肉体ではなく、人間の悪や罪を誘発する自己追求的な自我を意味している。

かれは、自然界と人間に対して、敬意と尊敬を示す。自然も人間も神の被造物であり、神は自らが創造したすべてのものをかけがえのないものとして大切にし、支えていると考えたからであった。また、人間の尊厳に対して最大の尊敬を払う。現代の科学は、人間の創造の分野にまで入ろうとしている。真偽のほどはまだ確かではないが、クローン人間の出生さえ取りざたされている。もしこれが真実であるとすれば、それは人間の尊厳への重大な冒瀆である。人間を、人格を持たない単なる物質とみなすこのような試みは、正統な自然科学への挑戦でもある。

人間の尊厳に対するフランチェスコの尊敬はかれの信仰理解から出発している。聖書によれば、人間は神の似姿である（『創世記』一章二六〜二七節）。また、キリスト教の受肉の信仰によれば、イエス＝キリストは人間となった神である。この秘義を、キリスト教の神学の用語で「受肉の秘義」と呼んでいる。神が人間となった事実に接して、フランチェスコは人間性の尊厳に対して敬意を払うのである。

人々とともに

宗教生活の当初からフランチェスコは、人々、ことに特権階級の陰で圧政と貧しさに喘ぎ、社会の底辺で生きる庶民に対して、愛情と共感を示していた。これは、人間の救いのために人となり、罪を除いて、人間の持つ弱さ、悲惨さを持ち、喜怒哀楽をもって生き、最終的には十字架の上で自らを奉献したキリストに従い、キリストのように生きたいという、フランチェスコの強い信念と願望に基づくものであった。貧しい人や虐げられた人々のような弱者の中に、貧しいキリスト、十字架にかかって苦しむイエス＝キリストを見ていたのである。

書き物の中で、かれは「卑しくて見捨てられている人々の間や、貧しくて体の不自由な人々、病人、ハンセン病患者、道ばたで物乞いする人々の間で生活する時、喜ぶべきである」と述べている。このように、豊かな感性の持ち主であったフランチェスコは、周囲の人々に無関心ではいられなかった。

貧しい人々に共感を覚え、かれらを大切にしたフランチェスコは、かといって有産階級や上層階級の人々をないがしろにしたり、かれらに冷淡な態度を示したりすることもなかった。これらの人々に対しても尊敬と愛情を示した。フランチェスコにラ・ヴェルナの山頂に庵を建てる場所を提供したオルランド伯、グレッチオでクリスマスの祝いの準備をしたヨハネ伯、またローマの由緒ある家系の貴婦人ジャコマ夫人との交友は、このことを示している。かれにとってはすべての人間がかけがえのない存在であり、兄弟姉妹であった。

社会と教会の改革者

「私の家を建て直しなさい」という言葉を聞いたフランチェスコは、早速サン・ダミアノの教会の修復に取り掛かり、それが終わると、他のいくつかの教会も修理した。かれは、この言葉を文字通りに理解したが、それは目に見える教会堂の修復を指していると同時に、ボナヴェントゥラが述べているように、信仰共同体としての教会の刷新をも意味していた。

ハンセン病患者と出会い、またサン・ダミアノの教会でキリストの声を聞くという、かれの生涯を決定的に変える体験をした後で、フランチェスコは新しい人間として生きるようになる。貧しく、謙って生き、自らの自我を追求するのではなく、神の御旨を求め、日々の労働で生活の糧を得ながら、人々ことに貧しい者や社会の底辺にいる人々と共に生きることを決意した。このような生活を、かれ特有の言い方で「償いの生活」と呼んでいる。償いとは回心のことである。さらに、生涯平和を希求し、自然を慈しみ、他者との対話を大切にした。

フランチェスコの生き方は、かれの時代の人々の心を捉え、時代の経過と共に、徐々に社会を変革し、教会を刷新する原動力となっていった。こうして、社会と教会の改革者となるのである。かれは、改革を行おうという意図、改革者になろうとする意識は持っていなかった。所有することができるすべてのものを放棄するという徹底的な生き方、弱者や社会から除外された人々を大切にし、すべての者を兄弟として受け入れる心、対話の態度、平和の希求が、結果として刷新と改革へとつながっていった。

かれは誰をも非難せず、言葉や行動における暴力によって社会や教会のあり方を変えていくという革命的な考えは持っていなかった。フランチェスコは、キリストに従うために、ただ神と人々への奉仕に献身して生きることを貫いた。

「時のしるし」を読むこと

フランチェスコが生きた一三世紀のヨーロッパは様々な要素が混在する世界であった。思想的に、また宗教的には、キリスト教によって統一されていた。文化の面では、スコラ哲学および神学が最盛期を迎えようとしていた。前述したように、政治

アッシジの聖フランチェスコ大聖堂　松下昭征氏撮影

的には、ゲルマン民族を中核とする神聖ローマ帝国が中心にあり、その他の国々が帝国を取り囲んでいた。ローマ教皇庁もイタリア半島に領土を持つ独立国家であった。キリスト教世界と対立する形で、中東、北アフリカ、イベリア半島の一部にはイスラム教が大きな政治勢力を構成していた。

ヨーロッパの国々では、皇帝または王が頂点に立ち、そのもとには多数の封建君主の領土や、また自治都市があった。これらの国家や封建君主また自治都市は、自らの勢力を広げるために、あるいはまた権利を守るために、互いに争うこともあった。

キリスト教内にあっては、様々な宗教運動や異端を輩出していた。また、教会の精神生活も必ずしも芳しいものばかりではなかった。政治と宗教が緊密に結びつき、それはしばしば多くの弊害を生み出していた。さらに、カタリ派という、キリスト教の教義とは異なる宗教が、キリスト教の一派の形をとって各地で伝道を行い、キリスト教の脅威となっていた。

教会内の悪弊を取り除こうとする運動がヨーロッパ各地、特にイタリア半島の中北部、南フランス、フランドル地方で起こっていた。これらの運動は、初期の教会の理念に帰ることを目指し、キリストを「貧しいキリスト」として捉え、清貧をモットーにしていた。正しい意図で始まった多くのこのような運動は正統な道を歩んだが、いくつかのものは、ワルド派のように、不幸にして教会と対立し、異端に走るものもあった。

またイタリアでは、元シトー修道会修道士で、後にフィオレ修道会を創立したフィオレのヨアキムが説いた「霊的教会」論が議論を呼んでいた。

フランチェスコは、宗教生活へ入って以来、このような動きを敏感に感じ取ったに違いない。特に貧しいキリストの姿は、かれの心に深く刻みつけられたようである。こうして、貧しいキリストに従うために、自ら貧しくなり、「何も自分のものにしない」ことを決意するのである。

さらにかれは、当時の封建社会の核となっていた階級制度、持てる者と持たない者との格差、貧しさに喘ぐ多くの人々と皇帝、国王、領主との間で起こる争い、また都市と都市の間に起こる不和と争いなどを、肌で感じていた。

こうしてフランチェスコは、貧しい者と共に生きるために、自ら貧しく、謙虚に生きることを決意した。また、すべての人間は、神のもとにあって平等であり、兄弟であることを自覚し、人々に対してもそれを強調した。このような信念のもとに、自分と弟子たちを「小さき兄弟」と呼んだのである。

武器ですべてを解決しようとする力の論理が支配する環境の中で、フランチェスコは平和を説いた。かれが「何も自分のものにしない」という生き方を求めたのは、貧しいキリストに従うと共に、物を所有すれば、所有権をめぐって争いが起こり、平和が破壊されることを、身近に感じていたからである。

フランチェスコは「時のしるし」をすばやく感じ取っていた。かれ自身ははっきり意識していなかったとしても、その生き方と行動はこの「時のしるし」への応答であった。フランチェスコが生きた一三世紀と二一世紀の現代とは著しく異なっている面もあるが、似ている側面も見られる。富の所有の格差は増し、力の論理がまかり通り、武器と経済ですべてを解決しようとする風潮は大きくなるばかりである。このような現実の中で、世界はどのような「時のしるし」を見出し、それにどのように応えるのであろうか。貧しく、謙虚に、平和を希求して生きたフランチェスコの考え、行動、生活および存在そのものは、この問いに答える際の判断により良い示唆を与えることであろう。

おわりに

本書の執筆の準備に取り掛かったのは、数年前になる。フランシスカン運動に関する初期の史料をもう一度読み直し、そこに描かれているフランチェスコを探ってみることにした。読み始めはしたが、修道会内の仕事の多忙さから、幾度となく中断せざるを得なかった。

二〇〇〇年秋に管区長職を退任し、翌年の初めに九州のさる教会の仕事をする任を受けた。教会に着任して二週間後には、アジア‐オーストラリア地区担当の総評議員としてローマ総本部転任が決まり、二〇〇一年四月初めには赴任という、あわただしい日々が続いた。任務の内容から、アジア各地およびオーストラリアの修道会支部や会員の訪問、話し合い、また頻繁に行われる会議への出席のため、史料を読み、書きとめ、整理するという作業が遅滞していった。

ローマ本部に住むことで、フランチェスコの生誕と逝去の地アッシジを度々訪問し、その墓所に詣で、親しくフランチェスコの雰囲気に触れる機会に恵まれた。幾度かのアッシジ訪問と滞在の間、聖フランチェスコ大聖堂の壁画の前にたたずみ、聖者ゆかりの場を訪れ、在りし日の姿を心の目で思い描いた。このような機会に恵まれたことは、大きな喜びである。

この間、清水書院の編集部の徳永隆課長を初め関係の方々には多大の迷惑をかけることになった。忍耐強く待ってくださったことに対して、お詫びを申し上げると共に、出版の運びに到らせていただいたことに感謝申し上げる。

一九九七年に締結された天台眞盛宗の総本山西教寺とアッシジの聖フランチェスコ大聖堂との間の精神的提携を手伝う機会に恵まれたが、その折歴史学者の牧野信之助が眞盛上人についての著述『眞盛上人御伝記集』の中で、上人とフランチェスコの生き方が似ていたことを述べていることを知ることができた。同天台眞盛宗の管長であられる大僧正山本孝圓猊下および同宗の僧職の方々には種々ご教示を賜った。ご好意に心より感謝している。

本書を著すにあたって、天台眞盛宗の深光寺（大津市）の住職で、龍谷大学の寺井良宣教授には、明恵上人と眞盛上人、ならびに天台眞盛宗についてご教示を賜わった。アッシジのサクロ-コンヴェントの図書館長・古文書館長パスクアーレ＝マグロ神父には、師の著書の写真を使用することを快諾戴いた。松下昭征修道士にも写真の使用許可を戴いた。末尾になったが、ここに感謝する次第である。

なお本書では、煩雑になるとは承知しながらも、キリスト教徒以外の方々、またカトリック教徒でない読者の便宜のために、キリスト教の教理や歴史、カトリック教会の組織や特殊な用語を、ある程度細かく説明した。読者の方々の理解をお願いするものである。

アッシジのフランチェスコ年譜

西暦	年齢	年譜	参考事項
一一七〇			ドミニコ＝グスマン（ドミニコ会創立者）誕生。
七五			法然、浄土宗を開基。
八二		アッシジのフランチェスコ誕生（八一年説も）。	
八五	3		平氏滅亡。
八九	7		源義経、死去。
九〇	8		東大寺再建。 神聖ローマ皇帝にハインリヒ六世（～九七）。
九一	9		栄西、臨済宗を広める。
九二	10		源頼朝、征夷大将軍となり、鎌倉に幕府を開く。
九四	12	クララ誕生（九三年説も）。	
九八	16	アッシジの城砦の破壊。	ローマ教皇にインノケンティウ

			ス三世（〜一二一六）。神聖ローマ皇帝にオットー四世（〜一二一五）。
一一九九	17	アッシジとペルージアの戦い（〜一二〇五）。	
一二〇〇	18	クララの一族、ペルージアに亡命。	
〇一	19		親鸞、浄土真宗を開基。
〇二	20	コレストラーダの戦い（アッシジとペルージアの戦い）に参戦したフランチェスコ、捕虜となる。	
〇三	21	ようやく自由の身となる。	源頼家、死去。北条時政、執権となる。
〇四	22	病床に伏す（〜〇五）。	第4回十字軍、ラテン帝国建国。
〇五	23	南イタリアでの戦闘に加わるため、プーリアに向かう途中、スポレートで不思議な声を聞く。ハンセン病患者との出会い。サン‐ダミアノ教会で、十字架からの声を聞く。	
〇六	24	新しい生活を始める。父との断絶、家族との決別。三つの教会の修復（〜〇八）。	明恵、高山寺を開山。チンギス＝ハーン即位、モンゴル帝国樹立。
〇七	25		法然は土佐に、親鸞は越後に配

一二〇八	26	ポルチウンクラでのミサで、聖書の言葉に霊感を受ける。最初の弟子ベルナルド、ペトロ、エジディオが加わる。リヴォトルトに住む。	流される。
一〇	28	11人の弟子と共にローマへ赴き、教皇インノケンティウス三世から原始会則の認可と修道共同体の創立の許可を受ける（一二〇九年説も）。弟子たちと共に、リヴォトルトを追われ、ポルチウンクラに住むようになる。	
一二	30	クララ＝オフレドゥッチ、髪をおろし、修道生活を始める。「聖クララ会」の創立。フランチェスコ、弟子と共にシリアに向かおうとするが、船が難破し、不成功に終わる。	
一三	31	キユージ伯、フランチェスコにラ‐ヴェルナ山の頂上の一角を寄進。	
一五	32		第4ラテラノ公会議。フリードリヒ二世、神聖ローマ皇帝に（〜五〇）。
一六	33		教皇インノケンティウス三世死

			去、ホノリウス三世即位（〜二七）。ドミニコ説教者修道会（ドミニコ会）創立。
一二一七	34	小さき兄弟会の組織化。会員たちがヨーロッパ各地に送られるが、その派遣の大部分が失敗に終わる。	第5回十字軍（〜二一）。
一九	36	エジプト、パレスティナ、シリアへ伝道に出かける（〜二〇）。	源実朝、死去。
二一	38	「償いの兄弟・姉妹の会」創立。『勅書によって裁可されていない会則』の起草。	承久の乱。ドミニコ＝グスマン、死去。ボナヴェントゥラ＝ディ＝フィダンツァ、誕生？
二三	40	『勅書によって裁可された会則』の認可。グレッチオでクリスマスを祝う。	
二四	41	ラ・ヴェルナ山で、キリストの五つの傷を受ける。	
二五	42	サン・ダミアノ教会の傍らの庵で、クララと修道女たちの看病を受ける。『太陽の賛歌』（「被造物の賛歌」）を詠む。	トマス＝アクィナス、誕生（〜

一二二六	43	9~10月、『遺言』を書く。10月3日、ポルチウンクラで死去。10月4日、聖ジョルジョ教会に埋葬される。	七四)。
二七		ヨハネ＝パレンティ、第二代総長となる。フゴリノ枢機卿、教皇グレゴリウス九世となる(~四一)。	道元、曹洞宗を広める。
二八		チェラノのトマスの『第一伝記』。フランチェスコ、聖者の列に加えられる。	
三〇		聖フランチェスコ大聖堂の建立。フランチェスコの遺骸、大聖堂に移される。	
三二		エリア＝ボンバローネ、第三代総長となる(~三九)。シュパイエルのユリアノの『聖フランシスコの伝記』(~三五)。アブランシュのアンリの『聖フランシスコの韻律伝記』(~三九)。	明恵、死去。
三七		『聖フランシスコと貴婦人清貧との聖なる契約』(~三九)。	
三九		ピサのアルベルト、第四代総長となる(~四〇)。「アッシジ写本三三八」	

一二四〇	ファヴァーシャムのハイモ（イギリス人）、第五代総長となる（〜四四）。	バトゥ、キエフ占領。
四四	イエシのクレッシェンシオ、第六代総長となる（〜四七）。	
四五	チェラノのトマスの『第二伝記』（〜四七）。	
四六	『三人の同志の伝記』。	
四七	パルマのヨハネ、第七代総長となる（〜五七）。	
五〇	チェラノのトマスの『奇跡の書』（〜五三）。	エジプトにマムルーク朝成立。
五二	クララ、死去。	
五三		日蓮、法華宗を開基。
五五	クララ、聖者の列に加えられる。	
五七	ボナヴェントゥラ、第八代総長となる（〜七四）。	
六〇	ボナヴェントゥラの『大伝記』（〜六三）。	
七五		一遍、時宗を開基。
一三一八	『完全の鏡』	
二七	『聖フランシスコと同志たちの事跡』（〜四〇）。	
一八一八	聖フランチェスコ大聖堂の地下を発掘し、フランチェスコの遺骸を発見。	チリ独立。
一九三九	フランチェスコ、イタリアの守護の聖者とされる。	第二次世界大戦勃発。
七八	フランチェスコの遺骸の再確認と科学的検証行われる。	米中の国交正常化。

一九七九		フランチェスコ、環境保護運動の保護の聖者とされる。	イラン革命。
八六		アッシジで、第一回「世界平和の祈り」が行われる。	チェルノブイリ原子力発電所で事故発生。

参考文献

●主要源泉史料

Opuscula Sancti Francisci Assisiensis, edita a Caietano Esser, OFM, 1978
Thomas de Celano, Vita prima S. Francisci, in : Analecta Franciscana X
Idem, Vita secunda S. Farcisci, in : Analecta Franciscana X
Idem, Tractatus de miraculis, in : Analecta Franciscana X
Bonaventura, Legenda major, in : Analecta Franciscana X
Bonaventura, Legenda minor, in : Analecta Franciscana X
Sacrum Commercium S. Francisci cum Domina paupertate（『聖フランシスコと貴婦人清貧との聖なる契約』）, Quaracchi 1929
Theophile Desbonnets, Legenda Trium Sociorum（『三人の同志の伝記』）, Edition Critique, AFH 67（1974）38-144
Jordanus a Jano, Chronica fratris Jordani a Jano, edita a H. Boehmer, 1908
Jacque de Vitry, Historia Occidentalis, ed. J. F. Hinnenbusch OP, Fribourg 1972
B. Egidii Assisiensis Dicta vel Verba aurea, Quaracchi, 1905
Leonard Lemmens, Testimonia minora, Quaracchi 1926
Le Speculum Perfectionis（『完全の鏡』）ou mémoires de Frère Leon, ed. P. Sabatier-A. G. Little Manchester,

1928
Actus Beat Francisci et Sociorum ejus, ed. P. Sabatier, 1902

●主要源泉史料翻訳書

庄司篤訳　『アシジの聖フランシスコの小品集』 ―――― 聖母の騎士社　二〇〇〇
チェラノのトマス著、石井健吾訳　『聖フランシスコの第一伝記』 ―――― あかし書房　一九八九
チェラノのトマス著、小平正寿・フランソワ＝ゲング訳　『アシジの聖フランシスコの第二伝記』 ―――― あかし書房　一九九三
ボナヴェントゥラ著、宮沢邦子訳　『アシジの聖フランシスコ大伝記』 ―――― あかし書房　一九八一
石井健吾訳　『アシジの聖フランシスコの小さき花』 ―――― 聖母の騎士社　一九九四
同　『アシジの聖フランシスコの小さき花』続 ―――― 聖母の騎士社　一九九五
Die Schriften des heiligen Franziskus von Assisi, uebersetzt von Lothar Hardick OFM und Engelbert Grau OFM, 1980
Leben und Schriften der hl. Klara von Assisi, uebersetzt von E. Grau, OFM, 1976
Thomas von Celeno, Leben und Wunder des hl. Franziskus von Assisi, uebersetzt von E. Grau, 1980
Nach Deutschland und England. Die Chronik der Minderbrueder Jordan von Giano und Thomas von Eccleston, hrsg. von L. Hardick, 1957
Franziskus, Engel des sechsten Siegels. Sein Leben nach den schriften des hl. Bonaventura. Uebersetzt von S. Clasen, 1980
Die Dreigefaehrtenlegende des hl. Franziskus, uebersetzt von E. Grau, 1972

Der Bund des hl. Franziskus mit der Herrin Armut, uebersetzt von K. Esser und E. Grau, 1966
Fonti Francescane, Scritti e biografie di san Francesco d'Assisi, Cronache e altre testimonianze del primo secolo francescano, Scritti e biografie di santa Chiara d'Assisi, 1982, Padova
Francis of Assisi, Early Documents I & II, edited by R. Armstrong, J. A. W. Hellmann, W. J. Short, 1999
S. Chiara D'Assisi, Scritti e documenti, 1994

●主要参考文献

堀米庸三『正統と異端』―― 中央公論社 一九六四
下村寅太郎『アッシジの聖フランシス』―― 南窓社 一九六五
今野国雄『西欧中世の社会と教会』―― 岩波書店 一九七三
ヘルベルト＝グルントマン著、今野国雄訳『中世異端史』―― 創文社 一九七四
アルノ＝ボルスト著、藤代幸一訳『中世の異端カタリ派』―― 新泉社 一九七五
木村尚三郎『ヨーロッパからの発想』―― 角川書店 一九八三
マウルス＝ハインリヒス著、宮沢みどり訳『日本の思想家に見るアシジのフランシスコ』―― 東京ボナヴェントゥラ研究所 一九八四
ヴェルナー＝デットロッフ著、坂口昂吉訳『中世ヨーロッパ神学』―― 南窓社 一九八八
川下勝『フランシスカニズムの流れ』―― 聖母の騎士社 一九八八
渡邊昌美『異端カタリ派の研究』―― 岩波書店 一九八九
カエタン＝エッサー著、伊能哲大訳『フランシスコ会の始まり』―― 新世社 一九九三
H. Grundmann, Religiose Bewegungen im Mittelalter, Darmstadt, 1961

H. Grundmann, Lex und Sacramentum bei Joachim von Fiore, in : Miscellanea mediaevalia, Bd. VI, Berlin, 1969

Schmitz-Valckenberg, Grundlehren Katarischer Sekten des 13. Jahrhunderts, Muenchen-Paderborn-Wien, 1971

Kajentan Esser OFM, Die Opuscula des hl. Franziskus von Assisi. Neue textkritsche Edition, Grottaferrata, 1976

Jan Hoeberichts, Francesco e l'Islam, 2002 (traduzione italiana di Romeo Fabbri dall'edizione inglese "Francis and Islam, 1977")

さくいん

【人名】

【事　項】

アッシジのフランチェスコ■人と思想184　　定価はカバーに表示

2004年12月10日　第1刷発行©
2016年9月25日　新装版第1刷発行©

・著　者 ……………………………… 川下《かわしも》　勝《まさる》
・発行者 ……………………………… 渡部　哲治
・印刷所 ……………………………… 広研印刷株式会社
・発行所 ……………………………… 株式会社　清水書院

〒102-0072　東京都千代田区飯田橋3-11-6
Tel・03(5213)7151～7
振替口座・00130-3-5283
http://www.shimizushoin.co.jp

検印省略
落丁本・乱丁本は
おとりかえします。

CenturyBooks

Printed in Japan
ISBN978-4-389-42184-7

CenturyBooks

清水書院の〝センチュリーブックス〟発刊のことば

近年の科学技術の発達は、まことに目覚ましいものがあります。月世界への旅行も、近い将来のこととして、夢ではなくなりました。しかし、一方、人間性は疎外され、文化も、商品化されようとしていることも、否定できません。

いま、人間性の回復をはかり、先人の遺した偉大な文化を継承して、高貴な精神の城を守り、明日への創造に資することは、今世紀に生きる私たちの、重大な責務であると信じます。

私たちがここに、「センチュリーブックス」を刊行いたしますのは、人間形成期にある学生・生徒の諸君、職場にある若い世代に精神の糧を提供し、この責任の一端を果したいためであります。

ここに読者諸氏の豊かな人間性を讃えつつご愛読を願います。

一九六七年

SHIMIZU SHOIN